如何不靠运气致富

HOW

¥

TO GET RICH
WITHOUT GET TING LUCKY

宋 宋◎著

新华出版社

图书在版编目（CIP）数据

如何不靠运气致富 / 宋宋著 .
— 北京：新华出版社，2022.11
ISBN 978-7-5166-6558-9

Ⅰ . ①如… Ⅱ . ①宋… Ⅲ . ①财务管理—通俗读物
Ⅳ . ① F275-49

中国版本图书馆 CIP 数据核字 (2022) 第 218342 号

如何不靠运气致富

作　　者：宋　宋

责任编辑：蒋小云		封面设计：异一设计	

出版发行：新华出版社
地　　址：北京石景山区京原路 8 号　　　邮　　编：100040
网　　址：http://www.xinhuapub.com　　http://press.xinhuanet.com
经　　销：新华书店
购书热线：010-63077122　　　　　　　中国新闻书店购书热线：010-63072012

照　　排：中版图
印　　刷：河北盛世彩捷印刷有限公司

成品尺寸：145mm×210mm
印　　张：8　　　　　　　　　　　　字　　数：124 千字
版　　次：2022 年 11 月第一版　　　　印　　次：2022 年 11 月第一次印刷
书　　号：ISBN 978-7-5166-6558-9
定　　价：49.00 元

» 序

从教三十余年，尽管出版过教材，编著过书籍，发表过论文，撰写过报告，但写序还是第一次。当天资聪颖、勤奋好学的小宋老师邀我为其姐姐宋彦华所著书籍《如何不靠运气致富》写序时，顿感压力颇大，有意推辞，但看到书名却又引起我的好奇心：关于如何致富一类的励志书籍很多，在风靡一时的《富爸爸穷爸爸》之后，陆续出了一系列相关致富丛书。如今，宋彦华再写致富话题，会从什么角度展开？有哪些新意？

我带着疑问，开始了阅读……

仅目录就凝练出很多金句："想要获得财富，先找出自己的核心价值""了解自己的优势，打造核心竞争力""挖掘事物本质，寻找商机""自控能力：养成良好的习惯""主动让利，赢得更多的盈利机会""学会复盘，及时修复漏洞"等，它们吸引住我的眼球，继续阅读的兴趣油然而生。

开篇对财富认知观的描述，真正促使我下决心同意写序。作为似乎有些正统的大学教师，对学生倡导的成功定义就是为社会做出贡献，做一个对社会有用的人；对以获得财富的多寡去评判一个人成功与否的标准，本人一直持有异议。而《如何不靠运气致富》对财富认知的描述，恰与本人的观点大致相同：许多人会将赚钱当成获取财富的唯一方式，而这种非正常的认知可能会让人们陷入"成功就是挣大钱""挣钱才是人生的唯一目的""一切都是为了挣钱"这样的错误思维之中。

摒弃不当的财富观，希望更多的读者能沿着致富不是目的，通过"价值输出与杠杆的结合，梳理人生事业方向和发展目标，选择寻找更多的方法，来帮助自己实现远大目标。"这一思路，潜心走入并体会《如何不靠运气致富》带给我们的每一个精彩章节。

姜 蕾

2022年11月

　　在谈到致富的时候，我们常常会联想到运气的问题，的确，有人会依靠运气挣到钱，甚至积累亿万身家，但从概率上来说，依靠运气发家致富的人很少，而且运气成分在整个致富中所占的比例很低。有时候财富的确会给予人们一些额外的好机会，但更多时候，即便是真的有运气，也要强调对机会的挖掘和对机会的把握能力。

　　一个人运气很好，往往可以积累小财，想要发家，想要实现财富自由，就不能仅仅依靠运气了，如果对世界上知名的有钱人进行分析，就会发现，他们实现财富的快速积累，都是靠自己的真才实学，都是靠自己的能力。那么究竟怎样做才能实现个人财富的积累和突破呢？个人财富实现复制的密码又是什么？

　　在解答这些问题的时候，其实可以先反向思考一下：世界上绝大多数人都是不富裕的，那么造成他们不富裕甚至贫穷的原因是什么？

　　有的人说，是因为资源分配不均衡造成的。有的人天生就掌握了很好的资源，而有的人"先天不足"，要资金没资金，要社会关系没社会关系，自然很难找到致富的机会。

有的人说，是因为能力上的差距引起的。富人的挣钱能力似乎更强，他们对于财富的感知和把握能力更加强大，更善于进行资源的优化配置。

有的人说，大多数不富裕的人缺乏高端思维，缺乏大格局，每天只能在一些鸡毛蒜皮的小事情上斤斤计较，缺乏做大事所需要的眼界，甚至还提出了所谓的"穷人思维"。

有的人说，多数人之所以不富裕，是因为凡事喜欢自己单干，而缺乏雇佣他人为自己做事的思维。

有的人说，穷人之所以很难翻身，是因为积累了很多不良的习气和习惯，而且不注意提升个人的内在，导致个人的工作素养和职业素养不高。

不富裕的理由似乎有很多，如果针对这些理由进行分析，就不难得出致富究竟需要做些什么，或者说致富需要具备哪些能力。

比如，要具备高端思维和更远大的目标，建立更加合理的致富思维；要提升自己的各项能力，并打造强大的核心价值；要使用更加高效的方法，确保财富能够持续积累；要注意内外双修，在内求和外求上同时得到提升。当然，如果我们对致富这件事进行分析，就会发现，无论人们怎样做，无论人们选择做什么，其实都离不开经济学，都需要运用经济学思维来解决问题。

比如在经济学中，"资源是有限的"是一个永恒的真命题，任何人都要面对这个问题与困惑，这是无法避免的，无论是资金、原材料、社会关系、技术、智力、品德、名望、影响力，都属于有限的资源，没有人可以无止境地使用相关的资源，也正因如此，人们在使用身边的资源获取财富时，需要更加合理地进行资源配置，需要更加聪明地使用各种方法来放大资源的价值，需要在有限的资源内保持更加高效的使用模式，确保产出的最大化。

可以说，如何高效地推动资源释放出最大的价值，就是致富的关键。人们在工作、创业、投资、理财时，都要运用这个基本原理来解决问题。如果进一步对致富行为进行拆解，就会发现致富有两个内核：一个是个人的致富能力，毕竟只有具备一定的能力，才有资格和能力去把握财富；另一个就是方法和工具，简单来说，就是如何释放和放大自己的能力，提升效率。

有人将致富比喻成捕鱼，对于一个出色的捕鱼者来说，他们知道哪里有鱼，知道什么时候捕鱼最好，他们了解鱼的生活习性，还掌握了最好的捕鱼技巧和方法，即便是徒手抓鱼，也能有所收获。但是如果他们拥有更好的工具，就可以将自己的捕鱼能力放大数倍，可以收获更多的鱼。致富也是类似的逻辑，重要的是掌握一门能力（所有的个人成长和能力培植，都是为这个能力服务的），然后找到释放能力、复制财富的工具，而最好的工具就是杠杆（几乎所有的致富思维都可以从杠杆中衍生出来）。

本书讲述的基本话题是如何不靠运气致富，而推动这个话题得以延展开来的基本内核就是能力与杠杆，接下来，相关的内容都是围绕这两个基本内核来不断丰富的，比如人们需要提升自我价值，需要培养各种能力，需要掌握更多的经济学知识，需要借助目标管理来推动自己的成长，需要培养更好的品格，需要学习和掌握更高效的杠杆。如果仔细阅读本书，就会发现正是这些内容构成了本书的基本架构，加上通俗的文字和丰富的案例，确保整本书的逻辑性和可读性得到了提升。

2022年7月14日

目　录

Chapter

Chapter

5

Chapter

6

Chapter

7
Chapter

8
Chapter

1

Chapter

发家致富为什么那么难

» 发家致富真的和运气有关吗

很多人对于财富的认知存在很大的误区，比如，很多人会认为财富就是金钱，就是货真价实的货币，但财富其实泛指满足人类需求的东西，包括房子、生意项目、软件设备、品牌等多种形式，相比之下，金钱虽然也是个人财富的一部分，但它只是换取财富的一种凭据，更严格地说，金钱不过是社会精细分工的一个副产品。许多人会将赚钱当成获取财富的唯一方式，对金钱的无比渴望，往往会让他们忽略对财富的真正认知，而这种不全面的认知可能会让人们陷入"成功就是挣大钱""挣钱才是人生的唯一目的""一切都是为了挣钱"这样的错误思维当中。

还有一种常见的错误思维就是，人们经常会将自己与他人积累财富的结果归结为运气，他们会认为一个人积累了巨额财富只不过是他比别人运气更好，而这种将财富当作运气使然的理念往往会阻碍个人对财富的正确索取。

　　不可否认，确实有人依靠运气发家致富，比如某些人突然依靠炒股暴富（没有任何炒股经验），买彩票中了500万元大奖（纯粹是胡乱猜号），或者因为房屋拆迁而获得了一大笔拆迁款项，这些属于不期而遇的纯粹好运气。在这些事件中，具有明显的运气成分，但它们都是小概率事件，绝大多数时候，绝大多数人都无缘这样的运气时刻，就像不是所有人都有机会成为拆迁户，也不是所有的拆迁户都可以获得巨额补偿。

　　在现实生活中，因为某些意外事件（没有任何准备，也没有任何征兆）而突然获得一大笔财富的现象很罕见，基本上一生也很难遇到一次，这种概率有时候可以直接忽略，因此将其作为发家致富的方法，或者认为自己可以凭借这种运气实现一夜暴富的想法，根本不可靠，也没有任何值得推广的价值。

　　如果对那些成功的企业家和拥有丰厚身家的人进行分析，就会发现他们在发家的时候，并不仅仅依靠运气。时代的红利、环境的影响，的确会带来一些帮助，可是只有自己具备实力，才能把握机会。当地产大亨积累几十亿、几百亿甚至几千亿的身家时，很多人会说他们遇到了地产高速发展的好时代；当互联网巨头轮流登上财富榜首时，人们会说他们只是遇上了互联网发展的好时机与好政策；当短视频平台的知名主播一年的营收额超过上市公司时，人们会说他们只是刚好遇到了短视频的爆发。

　　当人们将他人的成功归结为运气时，往往忽略了一点：在同一时代，有很多竞争者进入行业，但是只有少数人获得了成功，其他人都沦为了成功者的陪衬。很明显，这些失败者一样享受到了时代发展的红利，一样遇到了良好的创业环境，但为什么他们没有成功呢？

即便是唯结果论，也可以很快否认运气的说法，或者说，能够有运气把握住机会，这本身就是个人实力的表现。而且即便真的有一些运气的成分在，恐怕也是以个人实力为基础。不仅如此，一些人在多个不同的行业和领域内都能够获得成功，这绝对不是简单的运气就可以解释的。

其实，很多时候，所谓的运气本身就是建立在个人能力、方法的基础上的，比如，当一个人在行业内耕耘已久，积累了丰富的技术和经验，就可以在第一时间发现别人没有发现的商机，就像一位投资大师发现一个被人忽略的优质项目一样，虽然看上去有运气成分，但基本上需要积累丰富的经验和绝对强大的实力。又比如，很多人通过坚持不懈的努力，终于等到了一个非常好的发展机会和投资机会，表面上来看，和个人的运气有关，但这种运气基本上来源于孜孜不倦的奋斗、坚持不懈的拼搏以及精益求精的自我要求。

就像巴菲特多年来找到了喜诗糖果、可口可乐、苹果公司等优质的投资项目，这些绝对不是运气使然，更不是瞎蒙的，而是建立在其多年来的投资经验和投资理念基础上，通过不断的完善和实验，他积累了丰富的投资经验和投资方法，可以精准地做出判断，并在第一时间找到良好的投资机会。

还有一种就是当个人建立起强大的IP和品牌后，影响力不断拓展，在行业内具有举足轻重的地位，此时，会有很多商机主动找上门。这也是运气的一种，但它得益于个人长久以来对个性化、创新理念、强大品牌力的打造，没有之前的投入，个人是不具备吸引商机的能力和机会的。

2008年，因为美国次贷危机而引发的金融危机，在全球范围内爆发，当时很多企业纷纷选择裁员，还有一些公司干脆倒闭了，但有一家餐饮公司却决定在美国开分店，结果在短短半年时间内，就在美国的5个州开了17家分店，并且扩展速度不断加快。很多人都认为这家公司的创始人运气太好，在市场不景气的时候，还可以逆势而上，成为餐饮市场的新宠，创始人的身家也翻了数倍，这是典型的运气。

但事实是，这家餐饮公司早在进军美国市场之前，就已经建立了良好的口碑和品牌，公司的发展非常快，甚至有很多外国食客在YouTube这个知名的视频网站上帮忙宣传，无论是食物的种类、口感、搭配，还是周到的服务，都让他们印象深刻。还有很多外国投资机构希望对它进行投资，想方设法推动这家餐饮公司上市。可以说，良好的舆论宣传和品牌效应，为这家餐饮公司进军美国市场打好了坚实的基础，它的成功绝对不是偶然的。

　　所以，发家致富和运气有关的论调根本站不住脚，真正能够发家致富的人，往往具备了出色的财富挖掘和财富经营能力，他们即便没有好的运气，也可以快速积累财富，而那些一心想着靠运气获得财富的人，可能一辈子与财富无缘。

» **低收入的本质**

2019年7月1日，国家统计局公布了《新中国成立70周年经济社会发展成就系列报告之一》，报告中的数据让很多人感到吃惊，大家都会觉得这样的工资明显不符合当今社会高消费态势下的生活需求。

很难想象很多人离所谓的中产阶级还有很大的距离，更别说实现财富自由和富裕生活了。在谈到收入问题时，不可避免地会说到社会阶层的问题，与多数人处于低收入水平的状态相比，有少部分人处于收入的最顶层，他们也许只占据了社会1%的比例，但是却掌控了绝大多数社会财富。这少部分人可以撬动财富的大蛋糕，成为社会竞争和财富分配的优胜者，其他大多数人只能沦为低层收入者。

但很少有人会深究自己为什么贫穷，为什么无法像那些成功人士一样积累巨额财富。他们更多的会认为这是社会阶层分化的必然结果，总有一批人要丧失获取财富的机会，总有一批人在社会财富的底层，这是社会内部分配机制的必然结果。比如，好的教育资源大都分配给了一线二线城市；好的就业资源和医疗资源大多数在经济发达的省份……很多人会理所当然地认为，整个社会和市场分配机制必定会制造像自己一样的人，自己根本没有太多机会获取财富，也没有太多的资源去支持自己获取更多的财富，很多时候，他们并不奢望改变命运。

最典型的一个例子就是房地产，对于一线城市的人而言，一旦拆迁，可能会分到几套房子，拆迁户会瞬间成为亿万富翁，但对于那些打工者而言，即便耗尽一家人的积蓄，可能也无法凑齐首付。在打工者看来，他们一直在努力奋斗，一直在想办法改变现状，而一线城市的拆迁户有时候什么也不用做，就能获得巨额财富。这种资源配置的属性在一定程度上会消磨人们积极改变现状的决心和信心，并且进一步固化阶层意识。

有这类想法的人并不在少数，由于资源结构和配置的问题，很多人会将自身的低收入状态归结为资源分配不公，认为20%的人本身就占据了80%的优质资源，而剩下80%的人注定和财富自由无缘。这话听起来很有道理，但却将低收入的问题简单化和表面化了，资源分配的不均衡的确是存在的现实问题，但绝对不是根本问题，低收入的根源不在于财富机会的缺乏，不在于接受教育机会的多少，不在于社会资源的多少，而在于人们获取财富的心智是否成熟。

全球知名的企业家、投资家和财商教育专家罗伯特·清崎，曾经与学者莱希特共同完成了一本畅销书《富爸爸财务自由之路》，在这本书中，他们提出了"财商"的概念，而所谓财商，是指个人对财富的态度和处理方式，包括个人应对财富、管理财富、驾驭财富的能力，包括个人对财富的看法。在罗伯特·清崎看来，财商才是导致大多数人处于低收入水平的关键原因。

同样以一线城市为例，虽然本地的拆迁户具有很大的资源优势，但是一线城市所提供的就业岗位其实是相对公平的，外地的打工者只要有能力，是可以在城市里站稳脚跟的，只要有头脑，一样可以获得致富的机会。相反，很多人即便是一线城市的原住民，但由于自身缺乏能力，缺乏致富的头脑，一样会在低收入状态中挣扎。还有一些接受过高等教育的人，一样缺乏获取财富的能力。

事实上，资源的配置也许会有一定的影响，但最终决定个人财富的还是财商，只有高财商的人才有机会把握住获取财富的机会，而多数人则缺乏财商，缺乏获取财富的成熟心智，因此常常无法找到一份高收入的工作，并且不得不在房贷、车贷、教育费、生活费、医疗费等生活开支中苦苦支撑。

财商是一个很宽泛的概念，它包含了开源和节流，其中更多侧重于开源，也就是增加创收的渠道，但很多人在这方面容易陷入"稳定""安全"的思维陷阱当中。以最近两三年的新型冠状病毒疫情期间为例，很多上班族面临着巨大的经济压力，一些人无法正常外出工作，也有一些有稳定工作的人面临着裁员的压力，还有人在失去了原有工作之后瞬间陷入经济困境之中，生活开支压得他们喘不过气，还有不少人选择直接弃房断供。那么为什么他们的抗风险能力会那么低呢？原因就在于很多人都属于单一收入群体，除了追求一份稳定的工作之外，他们没有副业，没有想过要开通新的营收渠道，这种狭隘的认知最终严重削弱了他们的生活抗压能力。大多数家庭的营收方式都是比较单一的，家里的劳动力可能会将大部分时间和精力投入到唯一的工作当中去，而这种投入本身就不够合理。

其实，很多人也了解开源的重要性，但是却没有找到适合自己的投资项目，或者说没有找到合理的方法，导致创收效率受到影响。很多人平时谈到创收，最常说的就是炒股，或者购买理财产品，但炒股的风险很大，理财产品也有很大的不可预测性，并不适合普通人。可以说很多人并没有建立起正确的、成熟的致富体系，而他们对于财富，对于赚钱方式的认知也比较肤浅。

从2020年下半年开始，证券行业就传来各种不好的消息，基金一直延续不良的发展势头，三大指数全线下跌，很多普通投资者亏得血本无归，其中年轻人是投资生力军，这部分人有理财的观念，有拓展营收渠道的想法，但缺乏合理的执行方式，事实上，多数年轻人只不过是跟风赶场，他们对于基金和炒股并不了解，也不具备投资基金的实力，因此免不了沦为被收割的"韭菜"，最终不仅没能改善经济条件，还让自己面临更大的经济压力。

对于低收入的群体而言，他们并不是缺赚钱的机会，而是缺乏有效创收的手段和方法，正是这些导致他们与财富绝缘。

» 富人的致富方法：核心价值×杠杆

　　许多人经常会问：富人究竟是如何积累财富的？答案有很多，比如富人的头脑更清晰，思维层次更高，手里可利用的资源更加丰富，他们更善于处理人际关系，更懂得借助知识来武装自己，更加了解社会运作的规则。

　　上述要素的确都非常重要，但并没有涉及本质问题，因为这里谈到的所有要素其实只是在谈论个人的优点，但优点并不等于价值，更不等于价值输出。就像很多人也善于处理人际关系，也掌握了出色的技能和丰富的知识，但他们未必就可以将其转化成价值。当然，每个人都具有存在的价值，但并不是所有人都可以认识和挖掘自身的价值，尤其是自身最核心的价值，认识自我、挖掘自我，这是一个非常重要的步骤。比尔·盖茨和马克·扎克伯格等人之所以从大学退学，就是因为发现了自身的核心价值。

　　但找到了核心价值，也不等同于掌握了财富密码，一个人想要将价值转化成财富，就需要找到价值输出的突破口，只有输出价值，才有可能让社会、让市场认识到这种价值的力量，从而进行资本转化。而资本转化讲究效率和规模，效率越高，规模越大，最终获得的财富也就越多，这个时候，如何扩大价值输出规模就成了关键的环节。

那么富人在发现价值的同时，又是如何扩大价值输出的呢？最重要的一点，就是借助杠杆原理。如果对那些富人进行分析，就会发现一个共同点，那就是几乎所有的富人都懂得使用杠杆原理。

一说起杠杆原理，很多人首先会想到物理学上的杠杆知识，但这只是力学杠杆，其实杠杆是一个很宽泛的概念，它在经济学领域的应用非常广泛。比如富人会通过融资、借贷的方式进行投资，以最小的资本代价获取最大化的收益。比如，很多保险公司就会利用保民的钱进行投资，获取更多的收益；银行也会借助大众的存款进行贷款和投资，收益往往也是翻倍的。至于个人，往往也是一样，个人从银行贷款30万元，可能会依靠这笔钱挣到300万元，而付出的利息也许只有3万元。

资本杠杆是经济学领域最常见的一种模式，但它不是唯一的模式，严格来说，人们利用各种资源来放大自身影响力和价值的方式都可以称为杠杆。

那么如何才能放大影响力，大规模输出价值呢？

这就需要找到自己的杠杆点。这些杠杆点非常多。

一个人生产手工艺品，每天只能生产200个，如果这个人成立一家工厂，招收很多学徒进行培训，将自己的生产技艺传授给更多学徒，那么当学徒掌握技艺以后，产量会提升数十倍，此时，这个人就聪明地借助人力杠杆实现了产量的快速提升。当工厂壮大之后，需要继续扩展生产规模，但他存在资金不足的问题，于是就向银行借贷500万元，每年的利息是本金的10%，但贷来的这笔钱很快就让工厂收益翻倍，从原来300万元的净收入，变成了750万元。同时，他还看中了当前非常火爆的短视频和直播平台，在上面打广告，成功打响了公司的品牌，使得公司的销售额一下子增加了3倍。

这个时候，原本一年只能生产200个手工艺品的人，慢慢变成了一个掌控几千万资产的企业家，而这种成长主要依赖于杠杆。招收员工是为了利用员工的时间、精力来帮助自己生产，这是增加产量的第一步，这属于人力杠杆的利用；从银行借贷资本从而扩大生产规模，这属于资本杠杆的利用；而运用短视频来打广告、做营销，则使用了平台和媒体的杠杆。这个人所走的每一步，其实都在放大自己的价值，都在逐步实现自身的产品化，而关键就在于对杠杆的精准把握。

所以，当人们感叹自己机会不好，抱怨自己缺乏一个好的先天条件时，更应该保持冷静的头脑，用心去思考一下如何推动自己产品化的方法。首先，人们可以了解一下自己身上有什么价值是值得输出的，自己应该为社会提供什么样的价值，明确一个基本的方向和方案。这里强调的价值输出应该是自身最大最核心的价值，也就是一个人的内核或者核心优势，这是个人赢得竞争的前提，也是获取财富的基本保障。

　　每个人身上都存在各种不同的价值输出点，存在不同的优势和优点，但并不是所有的价值都具备强大的竞争力，并不是所有的价值都适合利用杠杆工具去放大，想要让自己快速积累财富，就要选择自己最有竞争力和吸引力的那部分价值，它才是最大化发挥杠杆作用的关键。比如一个人拥有出色的管理能力，但是老板却安排他去给人端茶倒水，那么这个人对公司的贡献就会严重打折，即便再怎么使用杠杆工具也难以获得很大的突破，个人的财富积累也非常有限。

　　接下来，我们需要看看可以从哪些方面放大自己的价值，可以运用哪些手段推动自己实现价值输出的目标。因为仅仅输出一份价值是明显不够的，所获取的收益也非常有限，人们需要复制和放大产品的价值，生产成千上万份同类的价值，提升价值输出的量，这样才能尽可能多地带来收益。人们需要想办法找到合适的杠杆，这里强调的合适，往往是指杠杆的使用要符合实际情况和需求，缺人的话可以使用人力杠杆，缺资金的话就使用资本杠杆，销售不佳的可以使用平台或者媒体的杠杆。不同的人，在不同的发展阶段，不同的环境，可以使用不同的杠杆，最重要的是找到高效的杠杆工具。

　　需要注意的是，当人们借助某一类平台来复制自己的产品和影响力时，往往是不需要支付更多资金的，使用劳动力杠杆需要支付工人的工资，需要出让部分收益，加入的人越多，支付的成本往往也就越大。资本杠杆也是一样的道理，借助的资本越多，支付的利息越多，转让的红利也越多，只有类似于书籍、电影、互联网平台、代码、媒体等杠杆，才可以实现复制边际成本为零的目标，因此这一类杠杆属于复制边际成本为零的产品。

对于价值输出与杠杆的结合，这种思考其实就是个人梳理人生事业方向和发展目标的过程，人们可以选择寻找更多的方法来提供帮助自己实现远大的目标。这里有一个专有名词——产品化。也就是说，人们需要了解自己的价值输出，弄清楚哪方面的价值输出很独特，具备很大的影响力，人们就要找机会将其规模化，形成可以批量出售的产品，这个时候，个人财富的积累速度就会加快。

2

Chapter

想要获得财富，先找出自己的核心价值

» 了解自己的优势，打造核心竞争力

许多人都会产生这样的困惑：自己明明工作非常努力，为什么一直无法得到领导的重用？为什么自己的勤奋一直无法换来理想的回报？为什么自己的产品和服务无法在市场上吸引更多顾客的关注？为什么自己做了那么多，还是免不了落入竞争的下风？

这些问题显然不能归结为运气，真正影响人们发挥和拓展个人影响力的关键在于核心价值的缺失，这种核心价值的缺失并不是说人们没有核心价值（任何人都有自己的价值所在），而是说人们没有找到自己的核心价值，没有在相关的工作中将核心价值转化成核心竞争力。

比如，某高校物理学毕业的高才生在一家公司做营销，结果整整过了10年，他还只是一个普通的销售员，他还能抱怨领导打压自己，或者抱怨自己运气不佳吗？这个高才生的问题很明显，他的核心价值根本不在销售工作上，他最大的优势应该是搞研发，应该在一家科技公司谋求研发员的职位。

　　人们对于自身优势的了解往往不够透彻，也不善于利用好这些优势，这就是为什么很多毕业生会对工作产生不满，会对人生产生迷茫，因为从一开始找工作的时候，他们就没有准确地定位自己的能力和价值。比如，很多毕业生想得最多的是"我最想要做什么"，这里掺杂了太多的个人主观情绪，很容易被个人的欲望操控，也很容易受到外界的影响。他们会强调"做什么会非常挣钱"，却从来没想过自己的专业是什么，适合做什么，最擅长做什么。

　　企业往往会着重打造一条护城河，以此来保障自己的竞争优势，提升自己的财富吸引力和财富攫取能力。而个人在发展过程中，也要注重打造一条护城河，这条护城河就是所谓的核心竞争力，它是企业或这个人与外界竞争相比所具备的主要优势。在不同的竞争场合中，所展示的核心竞争力往往不同。

　　美国学者C·K·普拉哈拉德和前伦敦商学院战略及国际管理教授哈默而认为核心竞争力是有助于公司或这个人进入不同市场，并成为公司或者个人扩大经营的能力基础。此外，核心竞争力所创造的产品与服务应该满足顾客最关注、最核心、最根本的利益，并且在短期内难以被竞争对手复制。比如，很多人说杰克·韦尔奇无论是在通用电气，还是其他公司，都会成为CEO的优先人选，原因就在于他具备了独特的竞争优势——出色的管理才能。这种能力可以帮助公司扩大经营，提升营收额和发展的速度，为股东创造巨大的收益，这就是杰克·韦尔奇的核心竞争力。杰克·韦尔奇本人应该也了解这一点，他不会想着在财务核算，或者技术研发上展示自我。

　　因此，人们在进行自我认知和自我定位的时候，就要侧重于选择自身那些不可替代的关键价值，看看自己在哪个方面具备成为核心竞争力的潜力，然后不断挖掘。而在谈论个人优势的挖掘以及打造核心竞争力的时候，人们应当明确一点，自己的优势与核心竞争力是需要不断成长的，赋予其成长属性，是一项艰巨的任务。比如，人们通常都会强调平台的重要性，强调人际关系的重要性，但问题在于个人所处的环境和自身的能力息息相关，一个人的能力往往决定了他的圈子和圈子的高度质量。当人们试图通过好的平台和优质人脉这些杠杆来放大个人的价值时，往往忽略了一点：自己需要进行自我提升，争取让自己与优秀的人更合拍，能利用更优质的平台发挥自身实力。想要借助杠杆，那么一定要懂得提升核心竞争力，没有核心竞争力，杠杆的作用就会受到抑制，无法发挥出最大的效果。不仅如此，很多时候，人们所使用的杠杆具备圈层属性，层次不到的话，是无法使用那些高效的杠杆工具的。

　　就像普通人想要进入贝索斯或者库克这一类人的朋友圈，基本上没有可能性，除非能够提高自身的级别，这种级别的提升最关键的就是提升自己的核心能力，当自己有足够的价值来打动他们时，才有可能进入对方的朋友圈或者社交圈。

　　所以我们需要全身心投入到核心价值的培养当中去，一旦找到了自身最具价值的优势，就需要想办法投入更多的资源和更大的精力，争取放大自己的竞争优势，最好能够构建更高的壁垒。这样一来，在杠杆的复制作用下，个人的价值会得到最大化拓展。

　　需要注意的是，核心竞争力有时候并不意味着就是自身最大的优点，而是自己在行业竞争或者商业运作中所体现出来的最具价值的能力。一位出色的作家可能每年都会创作很多优秀的作品，并且依靠这些优秀作品积累了大量的人气，积累了大量的财富。但人们并不认为他在作家群体中就是名列前茅的，或者并不觉得他的创作能力是行业中最强的，事实上，这个人拥有较为出色的自我包装和自我营销能力，会通过各种媒体来宣传自己，强化自己的存在感和影响力，而在这一方面，其他作家的包装能力和营销能力普遍偏弱。

　　同样是借助杠杆，写作能力强的人可能更加侧重于在各种平台上发表文章，而营销能力强的人则强调在各大媒体平台上包装自我，两者之间的差距可能会非常大。所以很多时候，一位优秀的作家，他可能并不是以引以为傲的写作能力获得市场的认同，而是依靠不错的营销能力获得财富。或者也可以这样说，与写作能力相比，这位作家的自我包装能力与媒体这一类杠杆的结合更加高效，因此更容易成为核心竞争力。总的来说，人们应该找到适合自己发展的能力与价值进行培养。

» **主动整合身边的资源，确保能力最大化**

　　每个人的资源都是有限的，每个人的资源都不是绝对优化的，当人们想要做得更好时，当人们试图变得更加强大时，要学会利用好自己的优势，许多人也许会存在一种惯性思维，认为个人的优势一定和个人的资源息息相关，但实际上能够合理借助和利用他人的资源，也是自我价值的一种体现，最常见的一种情况就是资源整合。

　　比如，人们最熟悉的电商，做电商生意的人本身只是搭建了一个平台，他本身不做物流生意，也不会开网店，更不是所谓的产品供应商，他只提供一个平台，然后将相关的资源整合到这个平台上，放大所有资源的影响力，同时借助这些资源来制造属于自己的财富。

　　还有房屋中介机构，他们所做的工作其实也是一种资源整合，中介本身没有建造房子，也没有房子的所有权和使用权，他也不需要购买房子。但是，作为一个交易平台和机构，中介可以整合房源和客源，将市场上的供求关系联系在一起。售房者也许可以通过自己的方式联系上买房者，买房者也可以通过自己的渠道联系上售房者，但是从效率上来说，显然没有中介高。通过资源整合，中介可以促成更多的交易，也可以给交易双方提供更多的优质选择。

资源整合是一项非常重要的能力，可以有效提升自己的竞争力，将其他人的资源挪为己用，成为强化个人影响力的方法。对于很多人而言，资源整合就是一种核心价值，通过对资源的合理配置，可以实现效益倍增的效果。无论是对自己的资源进行合理地调度，还是利用好他人的资源，本质都是创造一种更加高效的致富方式。

资源整合包含了对核心资源（他人的或自己的）的整合，有时候它是以杠杆的形态出现的，众所周知，人们想要获取更多的财富，可以借助各种类型的杠杆，但无论是资本杠杆、代码、媒体，还是劳动力，本身就是一种资源，人们要做的就是尽可能将身边能够利用上的资源以及杠杆整合在一起，形成一个更加系统的、高效的资源输出体系。比如，银行会通过储蓄的方式吸引资金，通过放贷的方式盈利，而且两者之间的差距比较大，这种资本杠杆就是一种常见的资源整合模型。

还有劳动力杠杆也可以成为资源整合的模型，假设一个人成立了一家公司，他会聘用很多员工，而聘用的员工一样需要合理的整合与搭配，有的人擅长财务会计工作，有的人善于营销，有的人善于创造和研发，有的人擅长制订规则，有的人擅长执行，有的人擅长人力资源管理，而管理者要做的就是将不同类型的人整合在一起，打造一个相互协作、能力互补、共同促进的团队。

在这里，杠杆的攻击属性和资源属性会被放大，并且变得更加高效。那么该如何进行资源整合呢？从资源整合的本质来看，其实就是一种合作+利用的模式，人们会弄清楚自己有什么，缺什么，然后看看别人有什么，缺什么，双方按照某种形式进行合作，约定合作的方式与规则，确保共有资本的价值最大化。

比如，很多科技公司的老总在经营时，都是依靠资源整合来完成商业帝国的建造的，飞机制造商往往只掌握了少数核心科技，他们会将引擎的生产、飞机外壳的铸造、玻璃的研发等相关部件的生产研发交给其他企业去完成，他们做的就是将所有生产商擅长的产品整合在一起。很多手机制造商也是如此，他们只负责打造属于自己的系统，至于硬件制造分别交给其他厂商来完成，大家实现了资源的互补。

在整个整合资源的流程中，人们只需要把握几个要点：

首先，要明确一个突破点，或者说明确一个经营的项目，想要将产业做大的话，就要找到一个合适的项目作为突破口，这是最关键的一步，如果项目选择不合理，那么资源整合的效果就不好，而且很容易产生巨大的负面效应。

其次，做好资源展示与核心价值展示，吸引其他人的关注，找到合适的合作者。以资源的利用为例，人们在使用他人的资源时，往往是需要支付成本的，而在支付成本的过程中，就像支付工人工资，给合作商让利一样，如果没有资本的输出来吸引对方，对方凭什么做出合作的承诺，这种成本支付的背后往往还关系着自己的能量和价值展示。

假设一个人想要更好地出售自己的产品，可以选择组建一个团队或者招聘更多的人，然后成立一家公司。这个人之前在一家公司当主管，手下有很多忠诚的员工，这批人无疑是不错的劳动力资源。除此之外，他需要吸收更多外来的职员，那么如何去吸引他们呢？第一，就是开出诱人的工资，这需要个人拥有雄厚的资金，或者他可以将自己的房产进行抵押，将这笔钱用于创业。诱人的工资往往可以成为一种劳动力补偿，也可以成为吸引劳动力的关键资源。很多资源乃至于杠杆本身是需要他人给予的，像劳动力、资本等杠杆的使用，都要赢得他人的同意，而想要说服他们输出资源进行合作，那就要懂得给予其资源上的补偿。

第二，就是做好充足的创业准备，厂房、机器、产品、客户、营销渠道一应俱全，当创业所需的生产要素和资源越充分时，越容易吸引他人的关注，毕竟一家公司如果缺这缺那，硬件设施很糟糕，就容易让员工失去兴趣，而且那些投资人也会感到不放心。人们需要展示自己的硬件，在有形资源上给他人留下一个好的印象。尽管这并非最重要的，但在很多时候却容易成为资源整合的基本条件。

第三，想要建立合作关系，人们需要展示自己强大的能力以及对未来的超强掌控力，如果不能告诉对方未来的明朗局势，不能向对方展示自己的价值和能力，对方同样会放弃。最常见的是，人们必须展示自己在该项目上的能力，或者展示盈利能力和实现财富增值的能力，个人的精神力量（抗逆力、自信、自律、有魄力）、良好的特质（诚信、勤奋、创造力、战略思维、管理思维）同样会成为对方做出是否值得合作的判断的标准。

我们可以观察一下世界上那些出色的投资公司，他们在吸引合伙人以及客户公司的时候，就会充分调动自己的资源，向对方展示自身的资源优势和价值，这是资源整合的一个关键要素。

其实，除了寻找突破点，展示自己的资源优势和价值优势之外，最重要的还是考验具体的整合能力，毕竟这不是简单的"资源1+1"，而是要求打造一个实现财富倍增的最佳组合，因此需要人们展示出自己的整合能力，可以确保配置后的资源价值最大化。

» **找到自己的商业模式**

在寻求财富积累的过程中，个人的经验、能力、资源、社会关系、运气都非常重要，这些都是实现个人财富增值的关键要素，但如果人们想要建立起更为持久、更加强大的财富增值形态，就要构建一个更加稳定的资本运作系统和财富累积系统，说得更清晰一些，就是构建一个适合自己的商业模式。

事实证明了一点：拥有优势或者核心竞争力可能会带来不错的收益，但这并不意味着就掌握了财富的密码，想要将自身的核心价值转化成为巨额财富，就需要找到一个能够推动价值进行高效转化的商业模式。而商业模式其实就是指公司或个人通过什么途径来挣钱，它的一个基本前提是机会的丰富和逻辑化。当各种创造性资源组合在一起的时候，会传递出更为明确的市场需求，资源的界定也越来越清晰，这个时候，机会就可能慢慢演变成一种商业概念，合理高效的资源配置会出现，并最终演化成商业模式。

当电商业务快速发展的时候，人们的网络消费越来越频繁，快递的价值开始出现，那么一些人开始推出快递业务盈利，这里的快递业务就是一种商业模式；很多人开办网络业务，关键就是通过吸引流量来证明自己的价值，因此点击率成了网络业务的盈利手段，并构建起网络公司的商业模式；超市的商业模式就是打造一个平台出售商品，而且他们还有自己的仓储中心。刘强东之所以可以将京东打造成国内顶级的电商平台，就是因为他一直强调要构建一个以物流技术为强大后盾的一体化供应链，这是京东可以在竞争激烈的环境中保持优势的重要原因。这个优势是刘强东和京东的核心竞争力，在借助电商平台固有的影响力之后，它的作用被进一步放大。

由于考虑到资源的配置和利用，很多时候，商业模式中都存在各种杠杆，已经成为一种趋势，无论是网络上的点击率，还是快递业务（**需要招收大量职员**），都需要借助杠杆，可以说杠杆已经成为商业模式中很重要的一个内容，或者说被人们当成了一个结合核心价值与杠杆的高效系统。

比如伯克希尔哈撒韦公司的商业模式就和很多公司不同，它有很多的业务板块，投资了一大批高价值的企业，但它的核心是保险业务。尽管沃伦·巴菲特一再强调自己对杠杆不感兴趣，但谁都知道，伯克希尔哈撒韦公司在他的管理下就是依靠保险业务板块中的浮存金来撬动资本投资的大石的，巴菲特从来不需要向社会筹集资金，他可以从保险业务板块中获得大量的浮存金来打造强悍的资本杠杆。

很多基金和保险公司，乃至于银行，都是借助杠杆来打造自己的商业模式的，或者说它们的商业模式具有杠杆属性，就连科技公司也越来越多地借助杠杆。

史蒂夫·乔布斯打造苹果公司时则是依靠iOS系统作为核心支柱，所有的App以及产品都是在这个系统的基础上发展起来的，如果没有这个系统，苹果公司的优势会大打折扣。对于苹果公司来说，iOS系统既是一种核心竞争力，也是杠杆，因为iOS本身具有很多功能和市场赋能的特性，使用这个系统也就意味着可以享用上面的功能与资源。

有着"华尔街互联网女王"之称的玛丽·米克尔曾经制订了"全球前二十五大互联网公司"的图表，而在这张图表中，苹果公司被放在全球互联网公司中的第一位，很多人会感到疑惑，苹果公司不是一家科技公司吗？为什么会定性为互联网企业？其实从科研的角度来说，苹果公司是一家出色的科技公司，但是从产品运营以及它所构建的生态系统来说，苹果公司更是一家不折不扣的互联网公司，乔布斯就是因为依靠着iOS系统，打造了iTunes和App Store等互联网产品和工具，而其他电子产品的营销和使用都是建立在这两个工具基础上的。

从某种意义上来说，当一个系统或者平台带来巨大营销便利和产品复制的便利时，它就是一种可靠的杠杆，只不过很多时候，人们想要打造这样的平台和系统会非常困难。

人们所构建的商业模式往往都是建立在自身的资源运作基础上

的，有的需要依靠自身的研发能力，有的需要依靠自己的资源整合能力，有的需要依靠业务优势，有的则需要摆脱常规思维，跳出机会的常规形式。举一个简单的例子，许多人喜欢经营西式快餐这类生意，但无论怎么做，都很难将产业做大，绝大多数人仍旧停留在一人一店的层面，有的人则依靠品牌影响力的壮大开分店，或者通过加盟的形式收取加盟费。但很难将生意做大做强，也难以长时间坚持下去。

为什么会这样呢？就是因为很多人将西式快餐的发展模式定义为依靠汉堡、可乐和薯条的利润盈利，但事实上，即便是最大的快餐店，也很难从这些食材中获取太大的利润，如果仅仅依靠这些食材利润和所谓的加盟费，那么生意迟早会进入死局。

相比之下，麦当劳的管理者思维更加清晰，他早就看到了快餐业的发展上限，如果不对商业模式进行变革，麦当劳很难真正积累巨额财富。

所以麦当劳的负责人将目光转向了地产，借助麦当劳的品牌效应来提升店铺周边的土地、房产价值，以此来获取高额的回报。比如麦当劳进入某个城市时，会提前租赁或者购入一大批地产，负责人会在这个地方开一家麦当劳分店，然后快速吸引人流，从而吸引更多人前来附近开店和投资，这个时候，房产价值往往会翻好几倍。等到麦当劳构建了商业街或者商业城之后，就可以依靠上涨的地价和房价获取高额的利润，这是典型的资本杠杆（低价收购和租赁土地，高价出租和售出）。

　　所以，人们在构建商业模式的时候，可以从自身的资源优势和能力优势入手，打造与之相关联的商业模式，也可以从这些商业机会中超脱出来，寻求新的商业概念，与核心价值为依托，借助杠杆，打造一个更加完整、更为高效的财富增值模式。

» 从优秀到卓越，跨越一大步

如果认真进行观察，就会发现生活中存在这样一种现象——收入等级差随着层次差的增加而放大。当人们达到优秀的层次上时，再往上会变得很困难，但是一旦有了突破，让自己变得更加卓越，那么个人所获得的经济回报就会呈数量级的增加。

最简单的例子就是毕业生的薪酬，普通大学的本科生刚入职可能只拿5000元的月薪，名牌大学的本科生也许能拿到7000元月薪，研究生会能拿到10000元的月薪，博士生的月薪可能是25000元起步。从本科生到研究生，工资的增长其实并不是非常明显，但是如果跨越到了博士生的阶层，那么工资水平就会翻倍。个人的能力从优秀到卓越，往往会产生一定的杠杆作用，产生巨大的财富放大效应，这就类似于一个质变的过程。

在商人的划分中，这种层次的差距也会越来越大，一位普通的商人，可能年收入只有几十万；优秀的商人可能年收入上百万到几千万，他们的生意也可能是几百上千万的；而表现卓越的商人，他们的年收入可能是以数十亿起步的，他们谈论的可能是几十亿、几百亿，甚至上千亿的大项目。为什么卓越的人财富营收能力会大幅度提升呢？很大一个原因就在于相比于普通人和优秀的人，卓越的人本身已经实现了更多的积累，比如经验的积累、知识的积累、优质人际关系的积累、信心的积累、奋斗状态的积累、个人心智成熟度的积累，这些积累往往非常深厚，而且耗费的精力、时间和能量远超于其他阶段的付出，正是因为实现了更多的积累，才能够实现个人成长的跨越式发展。

从某种意义上来说，人们对于卓越的追求和评估，可以直接对比"量"的等级，看看进步的幅度。比如普通的人，生产1件产品需要1个小时，优秀的人50分钟就可以完成一件产品，如果想要变得卓越，就要不断进步和提升自我，争取在30分钟就完成产品的制造。又或者说，普通人生产的产品误差为2%，优秀的人会控制在1%，而那些期待着变得卓越的人，应该努力将误差控制在1‰。

对于优秀者来说，要继续跨越到更高的层次上，非常困难，因此，人们无论从个人的心态，还是能力上，都要做好充分的准备。一般来说，最好的方法就是每天坚持进步一点，通过小目标的逐步实现来推动，这种成长和进步的幅度即便非常小，在长时间的累积下，也会带来不可思议的变化。

心理学上有一个著名的公式，1的365次方等于1，1.01的365次方约等于37.78，而0.99的365次方约等于0.025。其中："1"代表着每一天的努力，"365"则是一年的天数，"1.01"表明每天都进步

0.01，而"0.99"则代表每天都少做0.01。通过观察这些数据，可以发现每天的进步和退步其实非常细微，甚至可以忽略不计，可是如果将其算到一整年这样的周期中，就会产生截然不同的结果：每天进步0.01的人到年底时，他们所做的业绩已经达到了正常水平的37.78倍，而每天退步0.01的人，他们年底的产生的价值只有平常水平的1/40。

如果从经济学的角度来进行解读，这就是一种典型的复利。所谓复利其实就是一种利滚利的形式，它的特点在于人们会将自己投资或者储蓄所获得的额外收益连同最初的本金计入第二次投资的本金当中，然后将获得的收益和第二次投资的本金一同计入第三次投资的本金之中，以此类推，利息会越来越高。但复利的概念非常广，它也不仅仅局限于储蓄和投资，严格来说，生活和工作中的很多成长模式都和复利有关。

两个人恋爱，一开始肯定会保持拘谨，双方之间的互动很少，但恋爱的一方会要求自己每天都要比前一天做得更多一些，做得更好一些，长此以往就实现了"本金和利息"不断增长的效果，这种增加并不是单纯的1+1，而是呈现指数增长的模式，随着恋爱时间的推移，双方之间的感情会迅速升温，人们可以强烈地感受到这一点。

在个人成长和财富增长方面，人们要保持这种战略耐性，通过对成长幅度的有效掌控，可以合理有序地推动目标的实现。

如果说优秀看重的是量的积累，那么卓越可能更加侧重于质的飞跃，它会帮助人们在一个更高的层次上思考和应对问题。因此除了不断进步之外，走向卓越往往要在思维层次上进行突破，因为表现卓越的人往往在行业内做到了极致的成功，要么就是开辟了新的领域。最常见的就是培养颠覆性的创新想法，通过创新来改变现状，寻求大幅度的增长。

在工作中，不要被现有的思维框架束缚住，从不同的角度进行分析和探索，甚至想办法跳出来，找到新的突破口。此外，也可以培养更宽广的视野和战略思维，比如，同样是创业，有的人对于创业项目的看法停留在未来5年，而有的人着眼于20年以后的发展与部署。看到5年的人，往往只能做5年的生意和事业，而看到20年的人，就会想办法做能够维持20年甚至上百年的生意。有的人将钱当成奋斗的目标，有的人则是为了寻求更高的挑战。

总的来说，人们想要培养更高的思维，就要抑制自己对短期利益的追求，要推动自己保持更加开放的姿态。

» 打造属于自己的价值主张

在强调核心能力或者核心价值的时候，通常都要强调它的实际应用情况，或者说对他人需求的满足，正因为如此，核心能力或者说核心价值其实并不是单纯地展示自己能做些什么，能够带来什么改变，更多的应该表现为对市场、对他人的迎合，也就是说，一个人的核心价值本身是为他人服务的，只有具备了服务的价值，服务的价值越大，个人的输出也就越多，越容易创造财富。

比如一个人拥有出色的家庭装修能力，能够设计和组装家具，通常情况下会认为他有装修方面的技能。如果这个人帮助邻居装修房子，能够满足邻居们的装修需求，这个时候才可以说他具备了核心价值。

在谈论个人价值输出服务和迎合他人的性质时，其实有一个更加专业的术语——价值主张。它是人们对客户真实需求的深入描述。以国内最近几年电商产业为例，京东商城的价值主张是什么？多快好省。简单的几个字直接揭露了用户的基本需求，因为用户期待的网上购物，就是产品种类要丰富，物流体系的运作要高效、产品品牌和质量要过关、产品价格要具备吸引力。拼多多强调的价值主张就是两个字——便宜，这个平台上所提供的相关产品大都非常便宜，性价比要比其他平台上的同类型产品更高，而对于普通人来说，低价和便宜一直都是最主要的消费需求。

很多人会认为价值主张是企业或者个人的卖点，其实它属于买点，也就是说，企业或者个人出售的产品、服务是从用户的基本需求出发的，是用户要求和期待的，企业或者个人只不过是将这些需求呈现出来而已，所以价值主张其实可以直接理解为用户购买产品和服务的理由。对于人们来说，核心价值的打造可以从价值主张入手，以此来构建自己的竞争优势和价值优势。

那么我们应该如何打造自己的价值主张呢?

想要让自己的价值体现得更加出色，首先就要善于拆解用户的价值链。那么该如何理解价值链呢?假设用户想要购买一款手机，那么他一般会先在网络上进行搜索，会了解各种品牌和类型的手机，锁定目标之后，直接去线下购买。或者在线下体验一下手机，看看是不是真的和网络上所说的一样，之后在线上完成购买。

这是一个很常见的过程，但聪明的人就会从这个过程中深入挖掘，看看对方从产生购买手机的欲望到搜索，再到完成购买，整个过程中，对方遭遇了哪些问题，遇到了什么样的麻烦，有没有什么疑惑，而聪明人所做的就是看看自己能够为对方提供什么样的帮助，这个时候，他的价值主张其实就隐藏在自己所能提供的帮助之中。聪明人会发现用户的麻烦，并帮助对方解决问题，以此来为对方创造价值，并因此获得相关的收益。

那些优秀的人往往善于把握商机，关键就在于他们能够从他人的行为习惯和消费模式中拆解价值链，为对方创造价值。

其次，要注意把握用户的痛点，所谓痛点就是人们在使用产品或者享受服务时，所产生的负面体验和一些不良情绪。许多人都注重痛点营销，简单来说，人们会对产品产生多种多样的需求，但并非所有的需求都一定要去满足，只有那些引起消费者和用户焦虑的需求，才真正值得去把握。痛点其实可以理解为消费者和用户对产品的最大期待，这是他们下定决心的关键。

最简单的例子就是手机，人们现如今对智能机有很多需求：像素要高，拍照要清晰；手机内存要足够大，能够存储更多东西；系统运行速度要快，能够玩大型网络游戏；信号要强，可以在偏远地区接收到信号；电池容量大，避免电池焦虑；功能强大，可以提供更多的娱乐方式。对于不同的消费者而言，往往会有不同的需求，有的人喜欢直播和自拍，对手机像素要求比较高，这就会成为一个痛点；有的人希望电池容量更大，电池焦虑就会成为一个痛点。销售者想要证明自己的价值，就可以针对性地推出高像素手机或者大容量电池的手机。

把握痛点以及进行痛点营销，是彰显个人价值主张的一种重要形态，也是强化个人价值主张的重要力量。

第三，了解对方的待办事项是什么，看看对方有什么想做而没有去做的事情，因为用户做一件事往往是为了完成某项任务，就像一个人买酒一样，有的人并不是为了单纯地买来自己喝，而是为了拿去送礼，那么送礼就是一个待办事项。人们要做的就是帮助对方挑选合适的酒，如果进一步细分，还可以针对对方的送礼对象进行评判，告诉对方什么场合应该送什么酒，面对什么人最适合送什么酒。

在这里，其实涉及预见消费场景的说法，所谓预见消费场景，简单来说就是猜测产品具体用来做什么。一般来说，优秀的销售员必须懂得预见消费者的消费场景，针对性地为对方提供喜欢或者需要的产品。预见消费场景就是了解对方待办事项的一种具体表现形式，它可以有效挖掘对方真正需要的东西。

一般来说，想要构建自己的价值主张，人们就要懂得从以上三个方向出发，去寻求呈现和拓展自身价值的方式，并积极建立起吸引他人的价值呈现系统。通过价值主张的展示，个人往往能够获得更多人的关注和重视，这是他们把握财富增长机会的前提。

» 保持勤奋的姿态，是提升自我价值的前提

富达公司的前任副主席彼得·林奇是一位世界级的投资大师，他的成功让人羡慕不已，而他的投资能力更让人感到惊叹，不过林奇却非常肯定地说："我不知道自己是不是一个幸运的人，但我自认为是一个最勤奋的人。"事实上，这位成功人士似乎天生就是一位工作狂，正是由于比别人更加努力，也比别人更加渴望获得成功，他才能够成为业内最佳。

1969年，彼得·林奇服完兵役，也开始进入富达公司上班，他当时的工作是一位金属分析师，尽管这份工作并不合心意，但是对于一个"阿兵哥"而言，能够在富达公司谋得一份工作实属不易，好多人都挤破脑袋想要进来。所以自觉非常幸运的他还是接受了这份工作，并且努力将其做好。虽然工作乏味无比，但是彼得·林奇每一次都是最早到公司最晚离开的那一个。

由于出色的工作表现，林奇很快被提拔为公司的主管，在这之后，他开始接触到证券市场，因为当时证券市场和公司的业务密

切相关，他必须对证券知识有一些了解，才能将工作做得更好。为此，他干脆重头学起，一点点去了解证券市场的运作原理和运作规律。那时候很多人觉得他这样做根本没有必要，有关证券的信息完全可以找其他专业人士帮忙，但彼得·林奇并不那么想，他觉得自己接受了这份工作，就要将工作做到最好。

当时，他几乎每天都要走访不同的公司，收集相关的信息。回去之后，他会从中提取那些对自己有用的信息，并把这些信息分类对比，最后看一看哪些投资公司和投资项目最具潜力。为了验证自己的分析和判断是否准确，他甚至以个人名义进行投资。

虽然日复一日的信息收集和筛选工作非常乏味和无聊，但的确让彼得·林奇对证券市场有了更为深入的了解，对于资本运作和投资，他也越来越有心得。不久之后，富达公司干脆将其调任为麦哲伦基金的主管，这是一份美差，因为对一位基金主管来说，他往往干着最轻松的活，却拿着最高的工资。看看华尔街那些成天花天酒地、挥金如土的基金主管们，就知道这份工作有多么舒适，就知道还有多少人正对着这个职位流口水。

可是当彼得·林奇担任麦哲伦基金的主管后，一切都变得大不相同，他并没有像其他人一样出席派对、出国旅游，或者乘着游艇去海上兜风，而是坚持原有那种苦行僧式的工作方式。为了提升自己的投资能力、完善自己的投资理论，他基本上每个月都要走访至少40家公司，然后对这些公司的相关信息进行收集、筛选和分析，这是一件非常辛苦的事情，即便是像他这样的顶级分析师和投资人，基本上每天的工作时间都在12个小时以上。

他的朋友和同事非常不理解这种近乎自虐的工作方式，觉得他没有必要如此辛苦，可是彼得·林奇却坚持认为自己既然进入了投资领域，唯一能做的就是努力让自己的生活更加充实，不辜负自己对这份工作的满腔热情。事实上，林奇也完成了自己的心愿，在他任职的13年期间，麦哲伦基金的财富从2000万美元奇迹般地增长到了140亿美元，而在个人投资领域，他也是成绩卓越，人们常将他和巴菲特、索罗斯等人联系到一起，认为他们是现代社会最伟大的投资家。

很多时候，人们喜欢将个人的成功归咎于天赋，认为那些有天赋的人，天生就具备敏锐的商业嗅觉，天生就表现出强大的操作能力，但无论是商业嗅觉还是商业操作，往往都和个人的勤奋态度有关，只有勤奋向上，人们才会对自己所做的事情更加专注，更加投入，因此也更容易发现优质的商业机会，更容易掌握高效的工作方法。一个人的核心价值往往是由个人在工作中不断锻炼形成的，而那些工作更加勤奋努力的人，更是会形成强大的核心能力。

很多优秀的人在工作中往往表现得比普通人更加努力，他们的工作时间比普通人更长，他们的工作量比普通人更大，在工作中的投入度比普通人更高。像比尔·盖茨、贝索斯、佩奇等优秀的企业家，他们虽然身家亿万，但是每天都将大部分时间投入到工作当中。有不少成功人士每天只休息4个小时，对他们而言，恨不得将一天的时间当成两天来用。勤奋的工作态度为他们带来了更丰富的工作经验，更加强大的内心，更出色的视野和更高的思维层次，确保他们能够创造更大的个人财富。

可以说，勤奋是个人获得成功的根本，也是强化个人核心价值的前提，因此，人们在寻求致富方法的时候，不要一味寻求技巧，而要强调勤奋的重要性，要保持踏实且努力的工作作风。比如，坚持重复哪怕最简单的工作，确保自己熟能生巧；花更多时间提升和改进自己的不足之处，实现个人的精进；花更多时间去学习新的知识，努力提升自己的技能。

在自然界中，蚂蚁一直以勤奋著称，可以说大多数蚂蚁一生都在忙碌工作，但仍旧有少部分蚂蚁看上去无所事事，只是在周围东张西望。在食物充足的时候，这些"懒"蚂蚁基本上什么也不做，但是当食物短缺时，那些勤劳的蚂蚁大都乱作一团，反而是那些"懒"蚂蚁不慌不忙地带领蚁群向新的食物源转移，事实上，"懒"蚂蚁负责侦查周围的环境，寻找新的食物。对于人们来说，想要真正实现财富增值，有时候需要学习"懒"蚂蚁的策略，将自己的精力花在更有价值的事情上，而不是在一些低价值的事情上维持低质量的奋斗和努力。

勤奋并不意味着埋头苦干，想要借助勤奋来创造更大的财富，就要确保勤奋的质量，将勤奋用在关键的点上。比如一个手工艺品生产者再怎么努力，可能一年的收入也只有10万元，可是如果他能够雇佣更多的人为自己生产产品，也许年收入可以轻易突破50万元。一个人埋头苦干和带领一个团队工作，效果往往天差地别，只有将勤奋用在人员管理上，它才会发挥出最大的价值。

» **加强学习，增加致富的机会**

在谈到致富的方法时，学习往往是最容易被人提起的方法，相比于其他的致富模式，通过学习来致富，是一个非常实用且受到大家认同的方法。最简单的一个例子就是学历，学习成绩更好的人往往可以考上好大学，可以进入国外的名校留学，而学习不好的人可能连大学专科也考不上，而考上各校的人与那些高中毕业生相比，其挣钱能力肯定要高出很多。虽然个人积累财富的能力和诸多因素有关，但是学习能力，或者说学历的高低肯定是其中一个重要的因素。

又比如，很多企业家和投资者之所以能够积累大量的财富，有很大一部分原因和学习有关，他们比其他人更开放，更加了解知识的重要性，也更善于接触新事物。他们总是处于不断学习和充电的状态，不断学习积累财富的技能，不断挖掘新的致富机会，不断寻求个人能力的提升。世界上财富最多的那些企业家和商人，他们往往都热爱学习，喜欢阅读各类书籍，他们中很多人都致力于打造一个更丰富的知识体系，都在努力寻求个人思维层次的提升和智慧的提升。

从某种意义上说，人们在智力上的比拼离不开学习，因为个人的成长、经验的提升、技能的提升、智慧的增长，都依赖于形形色色的学习模式。加强个人的学习，可以积累更多的知识，而这种积累又会带来更多的收益，增加个人致富的机会。

第一，有效提升个人的核心能力

因为学习能力的提升，有助于人们积累更多的知识，有助于强化个人的核心能力与核心价值，这样就等于保持了个人的竞争优势，同时能够有效掌握了财富增值的基本要素。

一个养猪的人，依靠传统的方法，可能只能养20头猪，而那些学习先进的管理体系和专业养殖知识的人，则可以依靠一个人养上千头猪，而且他能够合理控制成本，增加每头猪的收益，实现利润最大化。可以说学习，实现了个人能力和价值的快速提升。

第二，有效提升利用杠杆的能力

许多人之所以无法运用杠杆来致富，是因为他们根本不了解杠杆，也不清楚杠杆的价值和作用，因此，他们无法想到运用杠杆来积累财富的方法。如果能够多学习相关的知识，就等于掌握了致富的密码。

一个开饭店的人，可能会想着通过勤奋努力不断壮大生意，争取在十年时间内开两三家饭店，而那些了解资本杠杆和人力杠杆的人，会通过融资的方式拓展生意，以加盟的方式迅速扩展出几十家饭店。学习和了解了杠杆知识，毫无疑问可以帮助人们找到更加高效的致富手段。

第三，能够有效提升把握优质人脉的能力

当一个人通过学习变得更强更优秀时，他自身的吸引力会放大，自身的能量会吸引更多更优秀者的关注，这时，人们就凭借自身的价值优势获得了向上社交的机会，他们有机会进入更高层次的圈子，结识更优秀的人，并获得相应的优质资源。

哈佛大学毕业的学生可能会直接进入谷歌或者苹果公司，和很多社会精英共事，和世界上最出色的管理者交流，他们可以进入最好的工作圈子。而那些高中毕业生，可能大多数人只能进入工厂打工，他们接触的人大多是一些普普通通的打工者，他们日后获得的优质人脉资源也非常有限。

第四，能够提升把握商机的能力

当一个人的知识储备增加后，个人的视野会得到拓展，个人的思维层次能够得到提升，这个时候，他们思考问题的方式会得到进化，挖掘和把握商机的能力会得到提升。

一个人在不断学习之后，对于事物的理解能力会变得更强，一个初出茅庐的投资者，和一个拥有丰富经验，掌握了丰富的投资理论知识的大师级投资者相比，对于投资的理解肯定天差地别，他们所能发现的投资机会，在质量和数量上都没有办法和优秀的投资者相比。

总的来说，学习可以帮助人们了解更多的信息，可以强化个人

的核心价值，可以帮助人们掌握更多的致富技巧，还能拓展人们的视野，它是推动人们变得更加强大的一个重要因素。那么我们应该如何进行学习，如何让自己的学习更加高效呢？

首先，多阅读，多请教

阅读的目的是积累理论知识，拓展自己的视野；请教则能够在短时间内学习他人先进的经验，从而提升个人经营视野、获取财富的能力。一般来说，人们可以更多地阅读专业领域内的书籍，获取更加高端的知识，同时拓展阅读空间，多读一些其他科目的书籍，通过知识维度的拓展来构建一个更加立体的知识模型，提升思维的活力。此外，我们需要更多地接触那些行业内的优秀人士，向他们请教问题，观察他们的一言一行，了解他们成功的方法和经验，通过这种学习模式快速提升自己对于财富的敏感度，以及提升个人积累财富的效能。

其次，要实现理论知识的转化

具体来说就是将理论知识和实践结合起来，通过实践要验证和丰富知识体系，通过实践来将理论知识转化成为现实的竞争力、价值和财富。众所周知，学习知识的目的并不是照搬知识体系，而是通过学习和理解知识，找到知识运用的方法，知识最终的目的是为实践活动和财富积累做准备的，因此从一开始，我们就要懂得将理论知识付诸实践，按照实践的标准来解构和强化知识，按照实践的标准来推动知识的转化，最重要的是，我们需要及时观察、反省和审核自己的实践活动，确保理论知识能够转化成为更合理的实践知识，并产生现实的价值。

　　需要注意的是，人们在学习知识的过程中，一定要注重对知识的理解和消化，而不是肤浅地认为只要多看书，就可以从书本和其他人的对话中找到发家致富的好项目，完全意义上的拿来主义和照搬模式往往会成为一个致富陷阱。

Chapter

做好目标管理，才能实现财富的复制

» 做人要有远见，制订远大的目标

我们在使用杠杆之前，一定要明确一个基本问题：自己渴望获得什么样的目标，自己期待什么样的成就。只有明确个人的目标之后，我们才会思考如何实现目标的问题。比如自己需要从哪些方面入手，需要借助什么样的杠杆来达成目的，需不需要借助他人的力量，自己身上具备什么优势和资源，它们又能发挥多少作用。

目标本身都具有强大的指导性，人们可以按照目标的指引来配置自己所需的资源，制订具体的操作方案，以及拟定合理的方法。可以说目标往往是人们行动的指导性要素，只有制订了远大的目标，人们才有可能成长为更优秀的人，才有可能积累更多的财富。

希尔顿酒店的创始人康拉德·希尔顿先生年轻的时候梦想成为一个银行家，结果在收购一家小银行的时候被对方欺骗，让他心灰意冷，此时有一家名为莫希来的小旅馆刚好准备出售，希尔顿认为这是一个很好的机会，于是筹集了2万元，并贷款2万元，买下了这家小旅馆。

兴高采烈的希尔顿提出了一个远大的目标："我要集资100万美元，盖一座以我命名的新旅馆。"他指了指报纸上的那些城市，继续说道："我要在这些地方都建起旅馆，一年开一家。"这一年他刚刚20岁。

制订了目标之后，希尔顿开始将小旅馆当成企业来管理，并且关注和收购那些濒临倒闭的旅馆，并且花钱进行改造，再以高价售出，获得了大量的资金。不久之后，他着手解决莫希来旅馆床位不足的问题，缩减餐厅和大厅规模，寻求更大的盈利空间。为了实现目标，希尔顿推出了微笑服务，改善了食宿条件，还完善了咖啡厅、会议室、游泳池、购物中心、旅行社、出租汽车站、邮电、花店等一流的服务设施和机构。

但希尔顿知道，想要实现自己在每一个城市都开一家旅馆的目标，就一定要壮大实力，打响知名度，这个时候，他将目光锁定了纽约最豪华的宾馆之一华尔道夫——亚斯陀利亚。为了把握机会，他没等董事会正式表态，就出手买下了25万股华尔道夫——亚斯陀利亚公司的股票，获得了这家公司的控股权。在完成了最重要的一步后，希尔顿酒店终于成为世界级别的酒店，并且开始了在全球范围内的扩张，希尔顿也顺利实现了当初的目标。

从希尔顿的发家史就可以看出来，一个人制订的目标越大，爆发出来的潜能往往也越大，远大的目标会推动人们不断强化自己的核心能力，会推动人们去掌握和使用更多的杠杆，去寻求更好的方法。可以说，目标往往决定了一个人能走多远，也决定了一个人的发展层次。那么人们如何去建立远大的目标，去追寻更多的财富呢？

第一，直面自己的欲望，构建美好的愿景

一般来说，欲望是最基本的一种动力，它会推动人们爆发出更大的动力和能量，引导人们为了某一个目标而奋斗。所以如果想要变成有钱人，想要积累更多的财富，从一开始就要具备渴望成为富人的欲望，并依据这种欲望设置一个美好的愿景，这是人们建立远大目标的基本前提。虽然欲望有时候会明显超出自己的能力范围，但从个人成长的角度来看，人们是有机会不断实现自我突破的，重要的是能够坚定自己的信心和决心，这样才能督促自己不断前进。

第二，培养战略思维

战略思维是战略规划的前提，也是制订发展目标的前提，一个没有战略思维的人，他的目标往往停留在当前，只是一些细碎的小目标和短期目标，这种人很难看得更远，更别说具有持久发展的耐心。只有积极培养战略思维，以战略的眼光看待事物，寻求事物长远发展的规律，把握事物发展的趋势，预测事物的发展结果，对关系事物全局的、长远的、根本性的重大问题进行合理有效的谋划，以及对相关的发展要素进行整合，确保建立一个战略目标。

第三，积极构建一个任务系统

这个任务系统的构建主要在于明确自己要做什么，这里涉及战略目标的安排和规划，也涉及实现这个战略目标所需的流程，在这个流程中，必须有阶段性的小目标，以及与之相配的方法和方案。

在整个任务系统中，人们应该知道自己做什么，怎样做，以及怎样去规划流程。需要注意的是，整个任务系统本身需要不断完善和调整，确保不会偏离整个战略方向。

第四，拒绝短期利益的诱惑

对于一个致力于更远大致富目标的人而言，最大的拦路虎不是自己的能力问题，而是抗拒诱惑的决心与能力，很多人之所以难以实现长远的目标，很大一部分原因就是他们一直都停留在对短期利益的索取上，而没有耐心执行计划，追求更长远的利益。以投资来说，许多人都愿意寻找那些表现良好的项目，但一个不可忽视的事实是，任何一个看起来了不起的投资者和投资策略都是有弱点的，如果人们因为弱点的存在或者弱点的呈现就对其失去信心，无疑是在犯错。

而且大多数人都有情绪化倾向，这些情绪化的表现往往会破坏个人一直以来遵守的逻辑，并导致他们对短期结果反应过度：当情况变得糟糕的时候，他们会直接选择放弃，直接以过低的价格脱手，以减轻损失；而情况好转的时候，他们又会不惜一切，以高价买进。

很显然，只有那些真正明智的人，才懂得掌控机会，即便遭受了波折，也能够紧紧盯住稳健的基本面，利用复利的方式快速积累财富。

亚马逊网站的创始人杰夫·贝索斯在投资一个项目的时候，往往会将潜在的投资回报设定在7年以后，也就是说，他并不在乎是否能够在短期内获益，而更加看重未来的发展潜力，在他看来，一个好的项目应该有更长远的发展模式，并且一旦将投资期限拉开到7年，也就意味着大多数竞争对手已经放弃了这个项目。

对于优秀的人而言，他们会看重项目的持久性，会侧重于从长远的利益出发，设定更为远大的目标，并以此来约束自己的行为，避免受到短期利益的诱惑，而破坏战略规划。人们需要立足长远，将目光锁定在更长远的利益点上，制订合理的目标。需要注意的是，人们必须保证目标的合理性，一些不切合实际的目标需要及时放弃，以免浪费精力和财力。

» 从小做大，学会慢慢积累财富

　　S先生毕业于某科技大学，本科学的专业为电子信息工程，大学毕业后，他并没有像其他同学那样急于进入大公司上班，而是制订了一个非常详细的成长计划，在这个计划中，他给自己设定了各种阶段性的成长目标，期待自己可以稳步成长。

　　他所找的第一份工作是在大学里给图书馆进行图书检索编程。由于表现出众，他跳槽到一家外资企业上班，专门给新入职的科技人员进行编程培训。在为期两年的培训工作当中，S先生为公司培训了一批又一批研发人员，成为公司骨干。可是不满足于此的他，第二次跳槽，这一次他进入国内一家顶级互联网公司，主要负责社交软件的开发，经验丰富的他担任一个研发小组的负责人，深得领导器重。在这家互联网公司工作十年，他的能力得到了进一步提升，也在与更多优秀的人共事的过程中，完善了自己的技能属性，自信心不断提升。更重要的是，他还认识了很多行业内的大咖，正是这些人给了他很多好的发展建议，拓展了认知边界。

当S先生做满十年之后，结束了自己的打工生涯，开始和一些志同道合的人一同创业，这个时候的他已经掌握了丰富的工作经验和强大的专业技能，加上掌握了一些优质的社会资源，使得他的事业发展很快，公司成立不到一年，就成功签订了几个大订单，他的个人价值在一次次的目标实现和人生跳跃中快速放大。

每一个目标的实现，每一个新目标的追求，都是个人能力圈的放大，都是个人能力的一种加杠杆效应。但人们对于财富的迫切要求，常常使得他们缺乏等待的耐心，而事实上，多数人之所以无法积累更多的财富，最重要的原因就在于他们没有耐心去慢慢积累财富，一说起财富自由，一说起财富积累，很多人首先想到的就是找到一个能够快速挣大钱的方法。

可越是表现得不够沉稳，越是缺乏慢慢积累财富的耐心，就越容易和财富失之交臂。最典型的一个例子就是投资，很多人在投资的时候，往往不喜欢投资那些来钱慢的项目，他们更希望短时间内就可以积累财富的大项目，如果一个项目无法达到这样的标准，他们就会选择无视。可问题在于，很多优质的投资项目都具有持久发展的特征，换言之，它们的创收能力需要通过时间的积累来实现。就像投资苹果公司、可口可乐公司、谷歌公司一样，它们的增长都是建立在时间的跨度上，在它们成立之初，一样出现了波动，一样没有展示出快速发展的趋势，但优秀的投资者早就意识到这些公司巨大的发展潜力，他们愿意为未来的快速发展继续等待，慢慢积累财富。

心理学家安吉拉·达克沃斯说过："世界上聪明的人很多，你能想到的别人也能想到，最终你能在聪明人中间赢，是因为你比别人更加坚毅。只有坚毅的长期主义者，才能成为时间的朋友。"利用时间来获得财富是一个最高效的方法，因为时间本身能够推动复利的实施，能够带来更加稳定以及更多的收益。

有很多人会期待着遇到一个回报率达到100%的项目，只要投资了100万元，等到一个月后项目完工，就可以获得100万元的纯收益。但问题在于这样的项目并不多见，可能几年也遇不到一个，而且通常风险很高，并不适合投资。此外，人们可以选择进行对比，假设选择一个年化收益率为15%的项目，投资金额依旧为100万元，坚持20年之后，手里的钱将会变成1636.65万元。通过对比，就可以发现，只要人们善于等待，那么就可以借助复利实现财富的积累。

还有一些人喜欢借助杠杆来实现财富的快速积累，比如在遇到某个心仪项目后，直接将全部资产投入项目中，并且进行资本借贷，但问题是这个项目可能存在很大的风险，一味求快往往会弄巧成拙，导致自己面临巨额亏损。比如，某人认定了某个项目的回报率很高，于是就从亲朋好友那里筹集了300万元投资该项目，他试图通过资本杠杆的方式获得巨额的回报，可在投资之后，却发现自己选择的项目很快就出现了问题，投资血本无归，筹集的资金也全部打了水漂，自己不仅没有挣到钱，还背负了很大一笔债务。

在日常生活中，许多渴望快速挣大钱的人，都会犯类似的错误，他们常常会用赌博的方式来积累财富，而这种风险恰恰是他们无法承受的。一个聪明的人，在面对财富积累的问题时，会表现出足够强大的战略耐性，能够坚持从长远出发，通过时间慢慢积累财富，对他们而言，一个好的项目没有必要立即创造巨额收益，重要的是必须在未来很长一段时间内拥有足够的成长空间。

这是一种典型的慢回馈思维，它的核心包括两点：第一点是从小做大，一步一个脚印来成长；第二点是相关的项目必须具有持久发展和成长的空间，这样才能够有效应用复利思维，更好地动用杠杆来撬动财富。从长远来看，选择一个优质项目慢慢获取收益是一个非常稳妥的、安全的方法，有助于人们获得更多的效益。而那些侧重于短期收益和快速积累财富的人，虽然操作方式更灵活，但由于需要频繁更换项目，操作的成本反而比较大，而且承受的风险很大。所以权衡利弊之下，还是应该选择从小做大，慢慢积累财富。

» **每次集中精力做好一件事**

　　人的一生往往有很多目标，无论是短期目标还是长期目标，人们都会产生各种各样的需求和想法，不仅如此，不同的目标往往不会是单独存在的，彼此之间存在一定的联系，也正是因为如此，很多人在追逐目标的时候，常常会一次性锁定多个目标，在他们看来，一次性锁定的目标越多，成功的希望越大，因为只要抓住其中一个目标，自己就可以获得改变的机会，这种广撒网的策略，使得很多人愿意尝试捕捉多个目标的生存策略。

　　但事实上，追求目标往往需要支付一定的成本，包括时间上的支出、精力的支出、资本的支出、资源的分配等，当人们只有一个致富目标时，可以集中相应的资源作用在这一个目标上，确保效用的最大化。可是如果人们一下子选定了多个目标，就意味着需要将有限的资源进行分配，而这会直接影响目标实现的效率和效果。

　　假设一个人想考上会计师证，那么在接下来的几个月里，他必须每天都抽出10个小时的时间看书和做题，按照这种方式，他有机会考出满意的成绩。可是如果他同时又觉得律师的职业非常好，于是临时决定再考一个律师证，那么在短短几个月时间内，想要抽出时间考两个证，难度可想而知，由于时间被分配掉，最终的结果可能是他一个证也考不到。

在生活中，往往就是如此，人们需要保持足够的专注和能量的集中，才有机会实现某个点的突破，如果想着多点同时突破，可能就会因为精力的分散导致什么事情也做不好。

如果进一步分析，当个人一次性追求多个目标时，所面临的问题可能远远超出个人能够承受的范围，包括个人的判断（**选择的目标越多，出错的概率越大**）、压力承受问题（**目标越多，面临的压力越大**）、风险控制问题（**当目标增加时，个人的风险控制能力会被削弱**）、目标实现的时效性问题（**目标多了，花费的时间自然也就越多**）等，这些都会导致目标难以实现。

假设一个人准备经营某一个项目时，可以将自己的时间全部用于这个项目的调研、流程的设计，以及风险的管控上，一旦增加了多个项目，那么个人将没有足够的时间对不同的项目做出精确的分析和判断，对于不同项目的风险管控能力也会下降。而且经营一个项目所面临的工作压力，远远比不上同时经营多个项目带来的巨大压力，个人很有可能会在巨大的压力下失去自信。

还有一种情况必须引起足够的重视，为了拓宽财富积累的渠道，很多人喜欢增加财富积累的目标，而这种行为往往会导致"布里丹毛驴效应"的出现。

　　法国哲学家布里丹有一头可爱的小毛驴，为了让小毛驴长得更好更快，布里丹每天早上，会从附近的农民那儿花高价购买一堆新鲜的草料，这是小毛驴最喜欢的美食。为了感谢布里丹的光顾，农民在某一天决定额外赠送一堆草料给小毛驴享用。

　　当小毛驴见到眼前堆放着两堆新鲜的草料后，却犯了愁，在草料之间来回走动，闻一闻、嗅一嗅，就是没有动口。原来小毛驴一直拿不定主意到底应该吃哪一堆草料，只能不断做出判断，结果几天之后在犹豫不决中活活饿死。

　　很显然，当目标增加之后，小毛驴反而因为选择困难而丧失了目标，最终使得自己陷入困境。它是一个比较常见的现象，当人们拥有一个目标和方向时，往往可以快速做出决定，但是当出现两个目标或多个目标时，就会出现思维的混乱，他们无法清楚地知道自己应该怎么选择合适的目标，最终会因为无法及时做出决策而遭遇重大损失。

　　真正能够致富的人，总是表现得很专注，这种专注主要体现在对目标的专注上，他们会集中能量寻求一个致富目标。如果对那些出色的投资者和商人进行分析，就会发现他们大部分都在专注一个投资目标，或者专注于一项事业，至少在完成某个目标之前，他们不会分心去追求其他的目标。

　　美国著名的得州仪器公司有一句知名的口号："写出两个以上的目标就等于没有目标。"对于个人来说，如果想要达成目标，实现个人的愿景，就应当保持目标的专一性，一次最好制订一个目标，如果有好几个目标要完成，也要列好顺序逐一去实现，构建一个更为合理的任务系统，最好不要同时去完成目标，要集中力量去做好某一件事，等到事情顺利完成，然后集中精力去做下一件事。

集中精力做一件事是指人们需要保持专注，要确保目标的唯一性，所有的计划、资源配置、流程安排都要围绕唯一的目标展开，集中能量去做好一件事，在目标没有完全实现之前，要注意不要分心，应该继续维持自己的能量输出，确保资源的集中供应和输出，确保杠杆能够集中在某个标的上发挥作用，直到目标实现为止，然后再集中所有的能量实现第二个目标。或者当人们意识到自己无法完成某个目标时，可以及时抽身去经营其他项目，集中力量去追逐其他的目标。

一般来说，人们可以按照重要性对所有的目标进行排序，先完成那些更有价值或者更加重要的目标，然后追逐其他的目标。因为每完成一个目标后，人们的能量和资源都是在递减的，个人的能量输出会越来越少，因此需要尽可能完成那些重要的目标，确保价值最大化。有的人在完成任务后需要休养一段时间，及时补充精力和资源，但会耗费更多的时间，因此人们需要尽早完成一些重要且紧急的目标，将那些不那么重要的目标延迟。

» 失败时，注意对计划进行调节

成功学导师拿破仑·希尔在《思考致富》中说道："如果你采用第一个计划失败了，那就用一个新计划来取代它；如果新计划仍然不成功，就再用一个新计划来取代它，直到你发现了一个成功的计划为止。多数人遭到失败的原因就在于：他们缺乏创造新计划以取代失败的旧计划的刚毅精神和勇气。

"如果没有可行的实用计划，即使最聪明的人也不可能积累财富或完成其他任何事业。当你遭遇失败时，要认识到一时的失败并不是永远的失败。这也许只是意味着你的计划并不正确。你可以构想其他的计划，重新开始。

"千百万人终生过着贫困的日子，原因就在于他们缺乏积累财富的正确计划。"

现实生活往往如此，真正困难的不是人们无法制订规划，而是人们在制订计划后缺乏应变能力和调整能力，很多人愿意将赌注压在某一个项目的计划上，却忽略了一点，任何一个计划都具有不确定性，因此谁也不敢保证自己的计划一定就会成功，当他们的计划无法实现时，可能会陷入崩溃状态，要么一直在反复推进这个计划，要么就选择直接退出，而这些都会导致最终的失败。

在很多时候，人们害怕做出调整，害怕否定自己之前的行为，因为这意味着他们之前做错了，而做错无疑会影响和破坏他们的自尊心。还有一些人对自己缺乏信心，当某个计划失败之后，会缺乏继续改进或者拟定新计划的勇气，他们已经丧失了自信，并担心继续下去的话，自己会遭受第二次失败。由于精神能量不足，人们缺乏改变的勇气，因此很容易在计划失败后选择放弃。

事实上，获取成功的方式和渠道有很多种，当某一种计划和方法不起作用时，最好的方法就是换一种途径，换一种思路和计划，通过变革来寻求新的机会，确保自己能够继续有机会追求目标。所以想要变得更加成功，想要顺利实现自己制订的财富目标，一定要在坚守的同时，保证头脑的灵活且清醒，确保自己可以在遇到困难和挫折时，能够转变思维，寻求新的途径和方法。

著名的汽车销售员乔·吉拉德，很早就渴望成为一个成功人士，他在16岁时辍学，开始挣钱养家，一开始他去工厂里担任锅炉工，但是由于工资太低，他选择开赌场，并认为赌场的盈利空间很大，可是一段时间之后，他发现赌场并没有想象中的那样赚钱，于是否定了这个计划。之后他又做了很多事，制订了各种各样的发展规划，可是一直到35岁，他还是没有获得自己想要的财富，而且还因为各种折腾背负了6万美元的负债。

由于工作时不注重保养身体，他患上了气喘病，人生暗淡无光。就在这个时候，他开始反思自己的种种计划，他发现自己以前只想着如何赚钱，却没有想过自己适合什么样的赚钱方式，也没有想过怎样获得一个更加稳定、更加高效的赚钱方式。思考一段时间之后，吉拉德否定了之前的种种计划，开始制订了全新的发展规划，他当时看中了蓬勃发展的汽车行业，认为只要自己踏踏实实卖车，总有一天会成为这个行业中最出色的销售员。在那之后，他开始去一家汽车经销商处工作，每天都认真学习，向行业内的前辈请教，他还特意拿一个笔记本记录知识点。随着他的不断成长，个人的销售天赋逐渐展现出来，短短3年时间，就以1425辆汽车的年度销售量成为当时的汽车销售冠军，之后更是连年打破自己的销售纪录，成就了汽车销售行业的传奇。

这个世界上，有很多成功人士，他们并不是从一开始就明确了正确的人生规划，在向着目标进发的道路上，他们也曾遭遇挫折和失败，也曾感到迷惑和沮丧，但最重要的是，他们最终做出了调整，选择以更合理的方式追逐目标。相比于失败的尝试，他们更在意的是如何想办法寻找新的方式来实现目标，对他们而言，任何一次失败都只是一种尝试，重要的是寻找新的方法，制订新的计划。

其实，为了推动自己制订更为合理的计划，人们在制订计划的时候，需要制订备选方案，为可能出现的失败做准备，确保自己不会因为一次的失败而放弃目标。比如"打工皇帝"唐骏早年在微软公司上班，深得上级领导的器重，其中一个重要原因就在于他每次在提交一份项目执行方案时，会给出一份备选方案，然后会提供这份备选方案的可执行性研究报告，确保这份备选方案是可执行的，有机会达到预期的目标。很显然，制订备选方案，可以有效保证计划实施的成功率，我们应该养成这样的好习惯。

不过，想要推动自己去完善计划，及时做出改变，最重要的还是在目标管理时，培养一种变通思维，人们必须意识到计划是可以适当进行调整的，而且要有自我调整的勇气，拒绝在一个计划中困守。事实上，在必要的时候，人们还可以更改自己的梦想和目标，确保自己能够在更合理的方向和道路上前进。

很多时候，就是如此，只有懂得变通，才能够在遭遇挫折和失败时，重新找到前进的方向，才能重新掌控前进的节奏。

» **不要给自己设限，勇敢追求更高层次的东西**

在现实生活和工作中，很多人喜欢给自己设定一个僵化的目标，这等于给自己设限，当自己千辛万苦实现目标之后，就丧失了进一步前进的动力。比如很多人对自己的工资和收入会设定目标，当年收入达到这个目标之后，他们的工作积极性开始下降，不再那么投入和专注。创业者往往也是如此，很多创业者会想着年收入2000万元，会想着让公司上市，会想着将企业做成国内500强或者世界500强，而当目标实现之后，他们可能就失去了目标和追求，企业接下来的规划会陷入停滞和混乱。

在过去，很多企业在发展壮大或者进军国际市场后，往往就会陷入停滞和倒退，很重要的一个原因就是大家往往会觉得自己足够强大了，没有必要像过去那样拼命，自满情绪会引发职业倦怠，当员工们获得较高的报酬以及存在感时，竞争力和创造力也就被消磨掉了。

一个优秀的创业者，一个优秀的奋斗者，往往会用发展的眼光看待问题，确保自己一直都能够取得进步，这个时候就需要在设定目标后，努力推动目标实现进化，简单来说，就是在实现一个目标之后继续设定更高的目标，勇敢追求更高层次的东西。这是一种典型的目标进化模式，它的关键在于不断深化对目标的认知，推进目标层次的构建，然后以此来引导个人的成长和进步。

在谈到这个模式时，就不得不提杰夫·贝索斯的"第一天哲学"管理理念，按照贝索斯的想法，一家成功的公司应该有更高的目标，而不是满足于某一阶段的成功，所有的员工应当将自己工作的每一天当作第一天来对待，每天都要像第一天那样全身心投入进去，成功是一个伪概念，人们每一天在做的事情都只是"刚刚开始"。

"第一天哲学"迎合了目标需要不断进化这样的趋势，它是个人或者企业竞争意识的重要体现，同时也是个人成长的一个重要策略，它能够推动人们去追求更高层次的东西。更高层次意味着人们需要追求更高的目标，需要追求更高的梦想，需要构建更远大的愿景，它是推动人们不断进步，不断发展的重要力量。

在财富积累的过程中，人们需要意识到一点：每一个人的成长是无止境的，每一个人的追求也应该是无止境的，人们不应该给自己的梦想盖一个顶盖，不应该给自己的人生设定一个局限，而要想办法推动自己核心能力的不断提升，对目标的不设限，往往可以产生持续的推动力和引导力。如果对那些成功的商人、企业家、投资者进行分析，就会发现他们在追逐财富的道路上都是野心家，他们从一无所有到身家百万，然后制订了身家达到千万级别的目标，之后争取成为亿万富翁，他们每走一步都在为下一步做准备，每积累一份财富，都在为更多的财富积累打基础，这种不断突破自我的方式，最终让他们拥有了惊人的财富。

不给自己设限，并不意味着一定要追求更高的财富目标，个人层次的提升不一定都是挣钱，人们可以有其他的高追求，并以这些追求来推动自己的奋斗。比如某位企业家年轻的时候一直渴望成为千万富翁，所以多年来在外努力拼搏，并顺利成为身家几十亿的企业家，名下有三家制造公司，随着事业的不断攀升，个人的财富不断积累，企业家不再像过去那样一门心思拓展业务，积累更多的财富，而是产生了新的追求，他回到家乡，开始谋划着在家乡打造一个产业园，他将自己的公司搬回老家，还说服更多的合作商和客户也搬到老家的产业园区。不仅如此，又号召更多的本地企业家回乡创业，还为很多新的创业者提供帮助，让他们可以在产业园区安心创业。很明显，这个计划明显兼顾了社会效益的提升，而计划的实施最终又会对企业家的生意产生积极的推动作用，有助于他积累更多的个人财富。

还有一点，当人们积累一定的财富之后，对财富应该有更加超脱的认知模式。比如对于那些顶级富豪而言，他们对于财富早就失去了兴趣，在他们眼中，500亿和5000亿并没有实质的区别，他们之所以继续经营自己的事业，之所以不断谋划新的发展方向，很重要的一个原因就是为了继续寻求对奋斗过程的体验，相比于实现一个具体的目标，他们反而超脱到了一个新的境界，那就是享受奋斗的过程。而事实上，恰恰是因为抱着这样的想法去奋斗，他们才会越来越强大，才会越来越优秀，与之相对应的是，财富的积累成为一种必然。

桥水基金的创始人瑞·达利欧在回忆自己成功之后的心路历程，他非常感慨地说，那是一种痛苦："年轻时，我仰慕那些极为成功的人，觉得他们因为非凡而成功。当我认识这样的人后，我发现他们都像我、像所有人一样会犯错误，会为自己的弱点挣扎，我也不再觉得他们特别与众不同、特别伟大。他们并不比其他人更快乐，他们的挣扎与一般人一样多，甚至更多。就算在实现最不可思议的梦想之后，他们依然会体验到更多痛苦，而不是自豪。我显然也是这样。尽管我在几十年前就实现了自己曾经以为最难以企及的梦想，但直到今天我还在苦拼。我逐渐认识到，成功的满足感并不来自实现目标，而是来自努力奋斗。想要理解我的意思，可以想象你最大的目标，不管是什么：赚很多钱、赢得奥斯卡奖、经营一家了不起的机构，或者成为运动明星。再想象一下你的目标突然实现了：一开始你会感到快乐，但不会很久，你将很快发现，你需要为另一些东西而奋斗。看看那些很早就实现了梦想的人，如童星、中彩票者、很早就达到巅峰的职业运动员。假如他们没有对另一些更大的、更值得追求的东西产生热情的话，他们通常最终不会快乐。生活总有顺境和逆境，努力拼搏并不只会让你的顺境变得更好，还会让你的逆境变得不那么糟糕。我至今仍在苦拼，我将这么做下去直到离世，因为就算我想躲避，痛苦也会找上我。"

选择奋斗，或许远远比挣多少钱更加重要，而这种思维也许会推动人们在财富积累的道路上越走越远，越走越轻松。人们需要构建更为强大的理念，需要将自己拔高到一个更高层次上来思考个人的发展问题，摆脱具体财富积累的目标带来的桎梏。在获取财富的道路上，可以重点追求过程的享受，可以追求社会效益的提升，也可以重点追求个人的名声。无论是哪一种形态，最重要的是，人们能够保持一个正确的心态来面对财富，能够保持一个更具价值的目标来维持人们的合理行为。

» 不要把赚钱当成第一要务

知名企业家瑞·达利欧在《原则》一书中提到了这样一个观点："想想吧，把赚钱作为你的目标是没有意义的，因为金钱并没有固有的价值，金钱的价值来自它能买到的东西，但金钱并不能买到一切。更聪明的做法是，先确定你真正想要什么，你真正的目标是什么，然后想想你为了得到这些目标需要做什么。金钱只是你需要的东西之一，但当你已经拥有了实现你真正想要的东西所需的金钱时，金钱就不再是你唯一需要的东西，也肯定不是最重要的东西。当思考你真正想要的东西时，最好思考它们的相对价值，以便合理权衡。就我个人来说，我需要有意义的工作和有意义的人际关系，它们对我的重要性相等，而我对金钱的价值评价较低——只要我的钱足够满足我的基本需求就行了。在考虑有意义的人际关系与金钱相比的重要性时，很明显，人际关系更重要，因为一种有意义的人际关系是无价的，我用再多的金钱也买不到比这更有价值的东西。因此，对我而言，从过去到现在，有意义的工作和有意义的人际关系都是我的主要目标，我做的一切事情都是为了实现这两个目标。赚钱只是其附带结果。"

应该注意的是，无论是核心价值的呈现，还是对杠杆的利用，更多的还是停留在一个工具应用的层面上，多数人所展示的仍旧是"我要培养什么能力来赢得竞争优势"，或者"我要借助什么杠杆来建立财富倍增的体系"，但如果从整个人生的角度来看，人们完全没有必要将赚钱当成人生的第一要务，一个人提升核心能力，是为了让自己变得更加强大，更加充实，借助杠杆的目的也是为了让自己的能力得到证明，让自己去获得更多有价值的人生体验。对那些更加优秀的人来说，他们不仅会注重对这些工具的掌控，还会在心境上得到提升，确保核心能力与杠杆能够在更高层次上发挥作用。

当一个人将赚钱当成第一要务时，他的心境很容易受到干扰，对于财富的认知也会发生扭曲，对人生的定位和发展也会产生偏差。更重要的是，一个人越是把赚钱当成人生的重头戏，往往越是容易束缚自己的能力，因为这样可能会影响他未来的成长空间。

举一个很简单的例子，当一个人一味想着挣钱的时候，他会想方设法尝试各种更为高效的杠杆，会想办法专注与提升自己的专业技能，任何能够快速提升财富的方式，他都愿意去尝试，甚至缺乏等待的耐心。这样一来，这个人也许会在一段时间内掌握财富增值的密码，获得一定程度的成功，但想要更进一步就会非常困难，原因很简单，当个人以挣钱为先时，他的视野往往会局限在当前的层面上，很容易会因为过分看中眼前的收益而忽略了更长远的打算和更远大的战略构想。

那些动辄先挣钱的人，很有可能会在索取财富的过程中丧失理性，因为财富始终会成为一个负担和心病，他们很容易选择一些获利更快而非更适合自己的项目。比如，任何一个生意都是有极限的，无论是整个产业的发展还是自身在产业中扮演的戏份，都是有一个基本的界限的，不可能无止境地增长，因此资金的积累会遭遇瓶颈。而这个时候，人们可能会冲动地选择剑走偏锋或片面追求多元化，寻求其他不适合自己的产业，而这就意味着巨大的风险，在片面追求资本的时候，反而被资本吞噬，遭受巨大的损失。

不仅如此，实际上人们对于资本、媒体、劳动力的使用一样是有界限、有规则的，如果人们过分追求财富，就可能会因为迫切地想要突破财富积累的瓶颈，而选择一些不合理的方式，可这些不合理的求财方法往往会对自身的品牌产生破坏性的影响。

还有一点，对于金钱和财富的痴迷，会导致人们愿意为之付出更大的代价，最典型就是个人的健康。一个痴迷于挣钱的人，可能会将大部分时间和精力投入到工作当中，往往忽略了对身体健康的关注。但事实上，健康的身体是个人发展的最大资本，只有拥有强健的体魄，人们才能在更长的时间段内保持良好额工作状态，才有机会获得持续的收益。很多人把赚钱当成第一要务，毫无疑问会影响个人的健康，这对个人未来的工作状态和挣钱能力产生消极的影响。这就像人们所说的那样："一个人疯狂工作10年，远远比不上保持良好的状态工作50年。"

很多人只想着发家致富，却忽略了自我管理，这个时候，个人可能会迷失自我，比如个人为了挣钱而忽略了道德修养的建设，忽略了培养正确的价值观，而这些最终会增加个人的精神负担，影响个人的名声和生活质量。

总的来说，无论是从长远利益出发，还是从健康角度出发，或是从个人管理的角度出发，最终还是要求人们在积累财富的时候必须具备更出色的战略眼光，需要更强大的耐心和更加理性的思维，如果想要赚到更多的钱，反而更应该跳出财富的指标来看问题。

Chapter

致富需要培养各种能力，放大工作的效率

» 时间管理能力：提升时间的使用效率与效用

时间管理是一个很容易被忽视，但却至关重要的问题，在人们的惯性思维中，时间是一个无关紧要的因子，可以说多数情况下，人们并没有意识到时间的价值和重要性，反而会觉得时间是一个可以随取随用的资源，这就使得很多人经常会出现浪费时间、习惯性拖延、做事不专注、工作效率低下等问题。而时间管理则强调将时间有效利用起来，通过一些时间管理的方法和工具，提高时间的使用效率和效能，确保个人能够养成良好的生活和工作习惯，让生活变得更加高效。

那么人们应该如何进行时间管理呢？想要了解这一点，可以先从时间管理理论的发展阶段说起。比如第一代时间管理理论就非常看重时间的增加以及备忘录的运用，人们更多地强调如何在忙碌中调配时间与精力。当人们感觉自己的工作非常忙碌，在规定时间内难以顺利完成任务时，就会通过加班的方式继续工作。这是一种比较原始的方法，虽然会提高产量，但可能会对身体产生较大负担，工作效率并没有得到提升，而且存在边际效用递减的情况。而备忘录就是将所要做的工作列成清单，逐一完成，以便自己可以控制好工作时间，但这种记录方式对于效率的提升没有什么太大的帮助。

第二代理论强调工作计划和时间表，人们开始列出工作清单，并对自己要做的每一件事都做好具体的时间安排，比如早上6：00—7：00应该做什么，早上7：00—9：00应该做什么。通过计划和安排，工作可以有条不紊地推进，同时也能够控制好时间，但它的问题在于计划往往不够精细，而且缺乏主次顺序的安排，使得人们经常先做无关紧要的琐事，而把重要的事情落下，工作的效用和价值输出难以得到保障。

第三代时间管理理论开始强调做事的优先顺序，依据轻重缓急来安排工作，成为人们重点思考的问题，像著名管理学家史蒂芬·柯维就提出了时间四象限法，他将工作设定为四个象限：第一个象限是重要且紧急的事情（与大客户商谈，应对客户投诉，立即参加重要会议，处理一些重要的突发状况）；第二个象限是重要但不紧急的事情（内部培训，市场调研、制订规章制度）；第三个象限是紧急但不重要的事情（上厕所，领导突击检查卫生）；第四象限是既不紧急也不重要的事情（闲聊，网上购物、刷短视频）。四象限法可以有效理清工作顺序，确保单位时间内的价值创造。

接下来是第四代时间管理理论，它强调对个人进行管理，不再过分看重时间与工作的安排，传统上追求更快、更好、更具有效率的观念不再适用，寻找正确的方向和目标，找到一个更接近目标的方向成为率先考虑的问题。人们侧重于改变自己的思想而非行为，需要重点学习如何去思考未来，人们要将自己每一天的时间放在个人成长、价值增长，以及长期目标的实现上，因此，人们需要在每一个时间段内进行反省，看看自己的行动是否正在接近目标。此外，在新的时间管理阶段，人们非常注重个人健康、工作、心智、人际关系、理财、家庭、心灵思考、休闲的全方位发展与平衡。比如很多人把工作时间安排得很满，却忽略了休息和娱乐的重要性，忽略了个人健康对工作效率的影响，也忽略了某些优质社交关系所带来的工作便利。

一般来说，人们在强调时间管理的时候，应该侧重第三代和第四代时间管理理论的应用，第三代时间管理论强调速度和效率，注重时间管理的方法的合理性与高效性，即"正确地做事"，而第四代时间管理理论强调对目标的掌控，侧重于"做正确的事"，对于人们来说，通过对两者的合理掌控和平衡，能够有效借助相关的管理方法，提升自己的效率与效用。从某种意义上来说，时间管理也是管理杠杆的一种，借助高效的时间管理方法，人们能够更好地输出价值，扩大价值输出的规模。

那么具体应该如何操作呢？

首先，人们可以使用一些时间管理的方法，比如四象限法可以帮助人们分清事情的主次顺序；还有番茄工作法，这是由管理学者弗朗西斯科·西里洛创立的，人们可以将自己一天要做的事情按照主次顺序列出来，然后设定番茄时间，每个番茄时间为25分钟。在每个番茄时间内，人们需要保持专注，努力完成任务，当番茄时钟响起（25分钟到），人们在纸上画一个×，表示完成了一个番茄时间。紧接着人们可以安排5分钟的休息时间，在休息时间段内，人们可以通过喝茶、闲聊、远眺、听音乐的方式来放松。

之后，人们开始进入下一个番茄时间，专注地工作25分钟，然后打上一个×。需要注意的是，每一个番茄时间并不意味着做一件事，第一个番茄时间内没有做完的事情可以放到第二个番茄时间内继续完成，只要任务没有完成，番茄工作法将会一直循环下去，直到完成该任务。一般情况下，当人们在做完四个番茄钟后，可以休息25分钟。番茄时间法注重劳逸结合，且有助于提升专注度，可以有效保证人们高效完成任务。

除了使用时间管理方法之外，人们要维持产出和产能的平衡，将个人价值增长和未来的发展放在首要位置上，个人的所有行动都是为这个目标而努力的。与此同时，人们需要做好生活与工作的平衡，在工作之余，可以积极社交，寻求助力，保证家庭生活的质量，同时经常锻炼身体，提高身体的免疫力，确保自己有更多的精力和时间来维持长久发展的需要，或者说保证自己实现长远的目标。

» 资产配置能力：打造合理的资产组合

美国普尔公司曾经对十万个收入比较稳定且资产稳步增长的家庭进行全方位的调研，发现这些家庭有一个共同点，那就是它们的资产配置非常合理，基本上都符合资产组合的"4321"原则。普尔公司并没有直接将这些收入客观且稳步增长的家庭的成功，归结为合理的资产组合上，但他们认为合理的资产组合有效提升了这些家庭的营收能力，保障了整个家庭的正常运作和发展。

那么什么是"4321"原则呢？其实，这是一种比较常见的资产配置模型，它是指人们在打造个人或者家庭的资产组合时，会按照特定的比例进行分配，保持收入的稳定性和安全性，其中人们会将40%的资产用于投资，30%留下来用于各种生活开支，20%用于常规的储蓄备用，而剩余10%用来购买保险。为了确保资产组合处于一个恒定的比例上，当个人或者家庭中的某类资产开始上涨或者减少时，其他的资产的处理也要相应的上涨和减少。

一般来说，40%的投资可以包含股票、基金、外汇、理财产品等较高收益的资产，也可以选择一些实业投资，像投资工厂、投资酒店、投资互联网公司、投资某个工程项目。考虑到投资是拓展营收渠道的重要方法，出色的投资往往可以带来更多的财富，因此必须确保人们有足够的钱来创造财富。当然，投资时最重要的是选择一个收益较为稳定，且具有长远发展空间的项目，而且一般应该选择自己比较了解或者擅长的项目，对于自己不了解，或者风险很大的项目，最好不要轻易触碰。

30%的生活开支是指日常的开销，像食物花销、穿衣消费、旅游开支、医疗费用、日用品花销、房贷、车贷、教育支出、手机话费、宽带费用，都属于生活开支。之所以拿出30%的比例，就是因为生活开支是不可避免的，是为了维持正常生活所需的开支，毕竟人们每天的吃穿用度都是客观存在的，无法避免。而且需要注意的是，这笔钱是消费品，不具备创造财富的能力，如果生活开支太高了，就会影响其他方面的开支，增加生活的风险。如果生活开支太低了，则意味着人们在控制自己的日常消费，而这可能会让生活质量下降。

20%的储蓄备用一般就是指存款，除了少量的现金之外，大部分储蓄都是银行的活期存款和定期存款，考虑到生活中存在一些不确定因素，人们需要留出一笔钱备用，以免出现意外时资金不足。通常情况下，储蓄的目的是预防出现疾病、投资失败、结婚买房等关键情况时资金短缺的现象，所以人们必须留出一笔钱防患于未然。而由于储蓄本身的收益很低（银行的利息非常低，远远比不上投资带来的收益，而且综合通货膨胀带来的影响，把钱存在银行基本上不会挣钱），不可能将太多的钱放在银行里，而20%左右的比例是一个相对合理的数据，可以在确保人们投资、生活不受到太多影响的同时，找到一个应对未来生活的保障性方案。

10%的投保险一般用于预防家庭变故，诸如遭遇了意外事故，出现重大疾病，或者面临失业，买保险的目的是确保当自己遭遇一些不好的生活状况时，可以获得一定的补偿，比如人们生了重病后，几万或者几十万的医疗费可能会成为一个巨大的经济负担，而购买医疗保险的人就可以报销大部分医药费，减轻自己的负担。又或者某人下岗后找不到工作，这个时候，失业险就派上用场了，可以保障人们的基本生活所需。在整个资产组合当中，保险的投入是最少的，这是因为保险本身所设计到的变故、事故都是小概率事件，人们不用什么项目都进行保险，只要选择一些和自己日常生活、健康、工作息息相关的几个重要项目就可以了。

"4321"原则是一个比较合理的资产配置模式，这个组合相对来说具有普适性，它兼顾了资产增加、资产稳定、风险控制、灵活调整等诸多特点，可以有效推动个人资产稳步增加，人们可以在相对有保障的前提下拓展营收渠道，对个人财富的增加有很大的帮助。

需要注意的是，不同的人所面临的经济状况和生活环境不一样，他们在打造各自的资产组合时，可以选择不同的组合方式，而不能完全照搬"4321"原则。举一个简单的例子，一个身价几亿美元的富翁，他在处理个人资产和财富时，可能会提升投资的比例，将个人资产的50%以上都用于投资，一些顶级富豪，他们的投资所占比例可能会达到90%。而对于一些生活贫困的人来说，通常没有多余的钱进行投资，因此他们需要适当降低投资的比例，比如先控制在10%以下，然后随着经济条件的改善再不断增加，最后增加到一个自己能够承受的水平上。

» 执行能力：将理论转化成现实

如果对致富方法进行回顾，那么很多人都会将侧重点放在致富的点子上，多数人都会认为只有拥有一个好的想法，才能产生大的效益，他们更愿意将财富的积累归结为对方法和方法论的探讨。但无论是什么好点子，好方法，最终只有落到实处才能产生应有的价值。比如人们都想着要提升核心价值，要寻求自我提升的方法，要找到最合适的杠杆，但真正的问题是所有的想法最终都要落实到实践当中来证明，如果没有执行或者执行不到位，那么再好的想法也无法产生财富倍增的效果。

从某种意义上来说，执行力才是决定一个好点子兑现财富的关键步骤。而执行力是指执行者贯彻战略意图，是完成预定目标的一种操作能力，或者说是人们有效利用资源，保质保量达成目标的能力，它是人们将战略、计划转化成为效益和成果的关键环节。在谈到执行力的时候，需要注意两点：第一是"贯彻战略意图"，简单来说就是按照目标和规划做事，不要自作主张，随意做出调整，其至违背战略规划。第二个是"保质保量",保质保量是指执行的具体指标,人们必须按照事前的约定去完成任务,执行结果不能打折扣。

比如某人打算开连锁快餐店,并且有心在全国范围内拓展业务,在项目开始的时候,他就要求餐馆的产品和服务都要达到快餐店的最高标准,每周周末都要进行一周的业务复盘和总结。此外,他计划着10年之内将自家的产品销往全国至少20个省,成为行业内排名前三的品牌,可是10年以后,他并没有采取广泛推广的模式,而是将自家的业务集中在了南方的6个城市,这明显违背了战略意图。此外,这个人推出的快餐连锁店并没有按照一周一总结的方式经营,而是一个月甚至两个月总结一次,管理水平严重打折,根本无法做到保质保量,因此10年来在行业内并没有建立品牌优势,无论是品牌影响力还是规模都在行业前十开外。

对于执行者来说,真正的执行力是说到做到,而且不能有打折的情况发生,这样才能够确保执行的力度和效果。不过想要保证执行力,不能仅仅依靠口头的承诺,一些管理学者曾提出执行力三角的理论,在他们看来,执行力拥有三个核心要素:信息、心态和行动。其中信息的数量和质量往往会影响执行者的心态,毕竟只有掌握更充分的信息,人们才会拥有更大的主动权,执行的自信心也会更强。而执行者的心态又直接决定了人们接下来所要采取的具体行动,只有当一个人表现得信心十足的时候,他在行动上才会更坚决,个人执行的意愿、魄力也会更强烈一些。个人的行动反过来会产生新的信息积累，毕竟通过执行行动，人们可以积累丰富的经验，可以了解对方的虚实，也可以了解自己的真正实力。

在20世纪初期，汽车开始逐渐流行起来，并且成为有钱人首选的出行工具，考虑到当时的汽车售价还比较高，想要让普通家庭也能用上汽车比较困难，因此汽车制造商只能想办法降低生产成本。当时有人提出了统一生产线的问题，认为只要按照某种标准批量生产产品，就一定可以极大地提升产品的生产效率。但是没有人愿意进行尝试，而亨利·福特不同，他在了解这个理论和想法后，更加愿意想办法推行相应的计划，在他看来，统一生产标准，推出生产线的做法能够大幅度提升生产效率，自己没有理由不去尝试一下。而且他对于自己的工厂非常有信心，认为它一定能够推出更好、更便宜的汽车。

说干就干，在1913年，福特在自家的汽车制造厂建立了世界上第一条汽车装配流水线，开始成批生产汽车。在这条装配线上，机器会负责将所要组装的部件沿着传送带连续不断地从一个工人传给另一个工人，每一个工人都要在规定时间内完成自己的装配工作，这种分工明确的生产线使得整个装配流程变得更加高效。

有人做过统计，发现福特汽车制造厂建立来了这种流水线后，组装一辆车的时间比之前整整缩短了一半以上。之后福特又让人对流水作业线进行了改进，所有的装配工作全部都在传输带上完成，而这种先进的操作模式，让福特汽车的生产效率实现了翻倍，更重要的是，工厂再也不需要那么多的工人来操作，省下了一大笔资金。到了1920年，福特依靠这种流水线，实现了自己"每一分钟生产一辆汽车"的愿望。

相比于其他汽车制造商，亨利·福特不仅有远见，而且能够将自己的战略规划付诸实践，还有一点也很重要，他能够有效提升自己的能力，因此他可以顺利打造自己的商业帝国，实现财富的倍增。

执行往往被视为一种态度，但实际上它更是一种能力，执行能力弱的人要么是执行意识缺乏，要么就是能力不足，如果执行能力偏弱的话，是无法将自己的想法转变成为现实的，也无法将那些富有创造性的好点子变成现实的成果。一个真正优秀的人，不仅拥有出色的能力，出色的想法，出色的方法，还应该有出色的执行能力，他们能够及时将理论付诸实践，而且有能力实现预期的目标。

» 信息整合能力：收集高价值信息

在谈到个人必须具备的能力时，信息整合能力成为一个频繁出现的词汇，越来越多的人重视信息整合能力，而最大的原因就是信息正在变得越来越重要，它已在社会生活中扮演者举足轻重的角色，可以说社会的发展、个人的发展都离不开信息。从某种意义上来说，谁掌握了更多的优质信息，谁就在竞争中掌握着更大的主动权，可以说信息成了最重要的竞争资源。

正因为信息的重要性，所以如何收集和整合信息就成了大家关注的焦点，毕竟并不是所有的信息都是有价值的，也不是所有有价值的信息都是可以直接拿来用的，人们对信息的利用要建立在对高价值信息的获取、加工、整合与利用的基础上，而这就要求人们具备更强大的信息整合能力。

信息整合能力是指人们对相关信息进行筛选分析、优化组合、综合利用、加工创新和创造的一种能力。它一般包含了三种基础能力。

第一种是信息获取能力

信息获取简单来说就是挖掘有价值的信息，有的人通过看书读报（专业领域）来获取信息，像沃伦·巴菲特和查理·芒格就更加倾向于通过一些纸质的资料来获取投资信息，他们可能会几十年如一日地从某一份月刊上寻找好的投资机会。有的人通过相关的电视节目来获取信息，不少投资者和炒股者就喜欢通过相关的电视节目和一些专业人士的解说来了解股市信息，了解投资信息，以此来作为自己投资的依据。现如今，更多的人喜欢借助互联网工具和平台来获取信息，最常见的就是信息搜索引擎和专业的信息网站，他们更加倾向于在网络上寻找自己适合的投资项目和创业项目。也有一部分人喜欢通过面对面的交流来获取信息，他们更喜欢从身边的人获取一些信息。

获取信息的渠道有很多种，最重要的是要找到最高效且信息源最正确的方式，同时还要注意将各种不同信息的获取方式结合起来使用，构建一个立体的信息获取通道，保证获取到丰富与完善的信息。作为信息整合的基础，信息获取能力直接决定了信息整合能力的强弱，只有获取更多的优质信息，人们才有机会整合更具价值的信息，并用于个人发展决策的指导。

第二种是信息加工能力

它其实是信息的理解能力、分析能力、评价能力、信息综合能力的综合体现。面对各种信息流，人们不可能一下子就把握住信息里的价值，有很多信息比较复杂，需要强化个人的理解能力；有的信息并不明显，甚至存在一些误导性因子，因此需要将其进行剖析；有的信息是无价值的，有的信息是低价值的，有的则是高价值的，面对不同价值的信息，人们需要做出判断；还有一点，信息加工离不开信息综合能力，简单来说就是将不同的信息综合在一起，或者将不同的信息片段整合在一起，加工成新的有价值的信息。

信息加工能力往往考验一个人对于信息的理解水平，它直接关系着信息的价值，如果加工能力偏弱，那么信息在获取之后可能很难释放出应有的价值，或者很难真正抓住其中一些高价值的信息，只有提升信息加工能力，人们才能够更好地创造出高价值信息。

第三种是信息利用能力

是指人们"通过对信息的获取、鉴别、筛选，以自身的信息和选定的信息相结合，经过分析、综合、加工而转换成新的信息的能力。"它以信息获取、信息加工为前提，将信息转换成为新的信息，它是整个信息整合流程中最核心的环节，因为人们对于信息的获取和加工，最终目的是将其应用到现实生活和工作当中，发挥它们的价值，如果信息利用能力不行，那么即便自己获取了高价值的信息，也无法实现信息的价值转化。

总的来说，只有提升以上三个方面的能力，才能真正提高个人的信息整合能力，才能通过信息的整合来挖掘更多更大的商机，才能更好地武装自己的核心价值，从而更合理地运用杠杆来增加财富。如果对那些企业家、投资者进行分析，就会发现他们大都具备出色的信息整合能力，不仅善于从多个高效渠道获取信息，同时能够有效加工信息、利用信息，成功把握住商机。以李嘉诚为例，在多年的经商生涯中，他总是能够准确做出市场预判，对行业的发展了如指掌，从而提前做好准备，依靠的就是强大的信息整合能力，他可以从社会环境的变化、行业发展趋势、国家政策、竞争对手发展等多个因素中及时把握机会，即便是一些看起来不起眼的信息片段，他也有能力从中整合出高价值的信息。

他花费千亿投资英国，就是一次非常成功的投资操作，无论是进是退，最关键的一点是，他能够挖掘和获取更多的信息，通过对英国局势的走向进行分析，通过对欧洲环境的变化进行分析，从而做出最合理的判断，最终顺利挣到了千亿财富。

在很多时候，人们更加看重个人专业能力的培养和提升，但在信息时代，信息往往决定了技术、流量、市场，也决定了发展趋势，只有掌握更多的信息，掌握强大的信息整合能力，人们才能够真正实现个人能力和价值的最大化，才能真正把握商机，并在竞争中掌握先机。

» **打造强大的领导力，提升团队效能**

在谈到个人致富的时候，人力杠杆的应用是一个重要的途径，但使用人力杠杆并不是简单地拉几个人帮自己做事，也不是简单地组建一支队伍，想要真正发挥和提升人力杠杆的作用，最重要的就是要打造一支高效能的团队，而高效能的团队不仅仅需要寻求高质量、高价值的人才，还需要组建一支能够相互补充的团队，更重要的是要具备强大的领导力来引导所有团队成员发挥出最大的价值。

某企业家从国外知名大学招聘了一批博士，还特意从世界500强的企业挖了一批有经验的人才，然后他组建了一支属于自己的队伍，可是这样一支有能力、有经验且相互配合的团队，却在竞争中表现得非常糟糕，公司的业绩一直没有什么起色，为什么会出现这样的情况呢？

原因在于，这个企业家并没有给这些所谓的能人进行合理的职位匹配，很多能力出众的人都被安排在不合理的位置上，能力根本无法释放出来。此外，企业家在管理时，为这些所谓的精英大开绿灯，给予了很多特权，而这不仅引发了内部关于公平的讨论，还导致那些外来人才不服从指令的情况出现，最终引起了内部的混乱。

这是典型的领导力低下的表现，由于无法通过合理的方式将所有的人员凝成一股合力，发挥出各自最大的价值，整个团队无法创造预期的收益，人力杠杆的作用大打折扣。正因为如此，在谈到人力资源的合理配置以及人力杠杆的作用时，不能忽略领导力的价值，必须将领导力的培养当成重要的任务来对待，确保自己拥有管理团队、管理人员的能力。

那么什么是领导力呢？简单来说，领导力就是人们对自己所拥有的人力和相关资源进行充分利用，争取以最小成本换取最大效益的能力，它一般体现为团队意识和团队素养，可以说具备了强大的团队属性。领导力出众的人，往往能够带领团队变得更强，他能够有效调配资源，实现资源的合理配置，实现人力资源价值最大化。

从管理的角度来说，领导力的本质就是一种影响力，它包括权力性影响力和非权力性影响力，权力性影响力顾名思义是由领导者所拥有的权力衍生出来的影响力，比如领导者常常掌控了最关键的信息，这是信息权，他们拥有赏罚员工的权力，这是奖赏权；他们还可以强制员工严格按照规定执行任务，这属于强制权，这些权力和身份、地位有关，能够保证领导者在团队内具备很大的影响力，确保员工服从自己的指令。

比如某人制订了一个指令，并要求所有成员都要遵守这个指令做事，有人违反了指令中的内容，他就会直接扣除对方的部分薪水，或者直接开除对方，这种惩罚的能力就是建立在权力和地位等级的基础上的。由于具备惩罚他人的权限，他的话语也就拥有了权力影响力，能够指引员工严格执行任务。

相比于权力性影响力，非权力性的影响力主要和心理学有关，它基本上都是一些心理学上的沟通和影响方式，像互惠行为、承诺一致原理、相互认同、权威的展示、个人喜好、短缺原理等常见的心理学暗示，其实都属于非权力影响力的一部分。它不受权力的影响，所施加的影响力多半和心理引导、心理暗示有关。

比如一个企业家平时会对员工嘘寒问暖，员工有什么困难，也及时给予适当的帮助，面对这种人性化的管理，员工对企业家的认同感不断增加，也更愿意接受他的领导，这就是典型的互惠原理，企业家通过一些关怀性的举措来赢得员工的信任与支持。又比如，很多管理者经常会赞美员工的能力和表现，这种赞美能够有效提升员工的自信心、归属感和认同感，它是认同原理的一种具体表现；还有一些领导者为了让员工执行某个任务，他们不会使用强制手段下达指令，而是巧妙地通过询问的方式先赢得员工的口头承诺，当员工表态愿意执行任务时，就会本着对自己言行负责的态度，兑现自己的承诺。只要对这些互动行为进行分析，就会发现所有的招数都是一些心理上的引导。

对于领导者来说，想要提升领导力，可以从这两个方面入手，一方面通过打造权力影响力来强化自己的地位和权威，借助权力来控制和管理团队内的成员，并依靠强权来推动团队成员培养强大的执行力；另一方面通过非权力影响力的释放，与团队成员建立起更加和谐的互动关系，人们可以以自己的人格魅力来引导其他人为自己的目标而努力。这两种方式其实都是为了强化人力杠杆的作用，推动人们尽可能多地释放自己的能量和价值。

不同的领导者会有不同的管理风格，有的人可能倾向于使用权力来强化影响力，在他们看来，管理就需要权力来约束员工的行为，或者借助权力来控制员工的行动，确保大家能够在领导下向目标进发。而有的人可能更喜欢一些非权力因素发挥引导作用，他们认为权力的影响力过大的话，会压抑员工的主观能动性和创造力，会打击员工工作的积极性，他们更希望使用非权力的领导方式来处理内部的关系，并以这种方式引导员工的行为，确保大家可以和自己建立更加紧密的私人关系。

而对于很多优秀的领导者来说，他们可以有效地将两种影响力结合起来使用，通过权力来树立权威，又通过一些更为和谐、更加柔和的策略来联络彼此之间的感情，这种软硬兼施的方法能够有效强化个人的领导力和影响力，能够更好地引导团队发挥出最大的效能。

» 强化个人的社交能力，获取更多的资源

　　在谈到社交能力的时候，很多人会强调一点：很多性格内向的企业家和商人并不擅长社交，他们不需要依靠社交能力就可以积累丰厚的身家。这句话说对了一半，那些性格内向的企业家的确不仅仅依靠社交能力就可以获取财富，但依靠出色的社交能力，他们可以更快地积累财富，也能积累更多的财富。事实上，人们认为的那些内向企业家和投资者，并不是想象中的不善社交。

　　比如很多人认为沃伦·巴菲特不懂社交，但是如果看看沃伦·巴菲特的朋友圈，就会发现，虽然他的朋友不多，但都是行业内顶级的企业家、投资者；很多人认为比尔·盖茨不是一个好的社交者，但和沃伦·巴菲特一样，他的社交圈里无一例外都是顶级的成功人士。如果注意观察，就会发现大多数富人都拥有一个强大的社交圈，他们的人脉资源远超普通人的想象。也许很多企业家不善言辞，或者为人低调，但并不意味着他们就没有出色的社交能力，否则他们是难以维持自己的生意圈和事业圈的。

即便是内向的人，也是具有社交能力的，很多时候，他们比普通人更加重视社交，也更加看重社交的作用和价值。比如，对于很多普通人来说，社交就是结交更多的朋友，认识更多的人，他们通常都会将社交当成一种娱乐化的行为模式，尤其是随着互联网以及互联网社交平台的兴起，人们的社交范围不断扩大，社交频率快速提升，这都导致了人们对社交的意义产生了误解，很多人的社交活动都是无效社交，除了打发无聊的时间之外，不能给自己的生活和工作带来任何帮助。

相比之下，那些成功人士更加注重社交的价值，更加注重对社交对象的挑选，他们非常注重社交的质量，也更加懂得如何与人交往，如何借助他人的力量做事，以及如何实现人力资源的增长。从某种意义上来说，社交能力的提升，也是个人积累财富的一个重要方法，毕竟社交能力往往决定了杠杆的运用，无论是人力杠杆、资本杠杆，还是平台上的杠杆，往往都需要借助强大的社交能力来获取这些资源。

那么怎样才能提升个人的社交能力呢？

第一，与他人建立深度连接

真正的社交并不是认识更多的人，而是认识那些有价值的人，并与对方建立深度的联系，可以说真正的社交应该是一种深度社交。那么如何与他人建立深度连接呢，最简单的做法就是和对方进行互动，通过倾听和提问的方式挖掘问题的深度，确保双方可以针对一些更有价值的问题进行探讨，或者可以针对某个问题挖掘出更有价值的信息。

柯达公司的创始人乔治·伊斯曼打算斥巨资建造伊斯曼音乐学院和凯本剧场，纽约优美座椅公司得知这个消息后，就安排经理爱达森去寻找伊斯曼，商谈合作事宜。伊斯曼是一个脾气暴躁的企业家，不希望被人打扰，一般情况下，会客的时间不会超过5分钟。爱达森于是在见到伊斯曼后并不急于表明来意，而是忍不住赞美道："伊斯曼先生，我很羡慕你的办公室。如果我有像你这样一间办公室，我一定很高兴在里面工作。我是从事室内木制品经营的，我从来没有见过这么漂亮的办公室。"伊斯曼听了很高兴，于是就同爱达森聊起了自己亲自装修的事情，聊起了装修的材料，爱达森顺着他的意思不断引导，伊斯曼最后顺带说起慈善捐赠和创业的事情，并在不知不觉中聊了两个小时。爱达森看准时机，说明了合作的意愿，伊斯曼没有任何犹豫，将伊斯曼音乐学院和凯本剧场的座椅工程交给了爱达森。

人们想要在社交中获取自己想要的东西，想要与别人建立更深的联系，那么就要采取深度社交的策略，通过对价值的不断挖掘和呈现，来强化双方的社交意义，并建立良好的私人关系。

第二，想办法用情感感染对方

在社交中，想要吸引对方或者说服对方，那么最直接的方式就是动用情感武器，通过一些充满情感色彩的举动来打动对方，或者激发对方的情感波动，以此来找到社交的切入口，并与对方建立良好的互动关系。

比如美国新闻评论员卡特波恩就是一个口才很好的人，但他最擅长的是调动他人的情绪，在日常采访活动或者时事评论中，他会表现出乐观自信的一面，然后运用一些容易调动情绪和情感的方式来沟通，受访者或者听众的情绪往往在短时间内就会被调动起来，他们也弄不清楚为什么第一次和卡特波恩见面，就会被一种无形的力量控制，不仅会表达自己内心真实的情感，还会感到无比的轻松愉悦。

第三，掌握更丰富的社交方法

社交的一个基本目的是强化彼此之间的联系，拉近彼此的距离，为自己的利益诉求提供便利，比如人们需要掌握一些对话的技巧，像主动倾听、迎合对方的需求、迎合对方的兴趣爱好、迎合对方的生活经验、多谈论彼此之间的共同点、保持坦诚和自信、包容的心态、幽默的谈吐，这些都可以有效推动彼此之间的情感联结，确保人们可以打造更加顺畅的社交关系。

假设某企业家为了结识本地首富，于是直接将自己手上的一个工程项目低价转让给了对方，对这个工程很感兴趣的首富对此感到非常高兴，于是和企业家成了朋友，并将自己经营的连锁超市的部分股份卖给企业家，这个企业家也因此获得了一份可观的长期收益，这是典型的需求和利益满足。

需要注意的是，除了以上几个要点之外，人们还需要寻找合适的社交对象，对社交对象的选择往往决定了社交的质量，决定了人们可以从社交中获取的价值。很多人在社交时不注重选择对象，社交范围不设限，这就导致他们大多数时候都在进行无效社交，不仅浪费时间和精力，还会影响自己对社交意义的判断。人们在加强个人的社交能力时，一定要确保自己选对了社交对象，只有和对的人交往，才能获得预期的社交效果。

» 把握底层算法，找到最高效的致富方法

在实现致富的道路上，往往有很多种方法和方案，但在这些方法中，往往有一种方式是最合理、最高效的，只要找到这种方法，人们就可以更轻松地实现预期的目标。不过在现实生活中，想要寻找这种最优化的方法非常困难，因为这涉及每个人的底层算法。而说起底层算法，很多人对此可能一无所知，更多的人则不清楚自己的底层算法，也不清楚该如何明确自己的底层算法。

那么究竟什么才是底层算法呢？

想要知道这一点，可以先看一个科学实验：科学家们曾专门观察蚂蚁的行为，发现蚂蚁在发现食物之后，无论路途多么遥远，它们都可以找到一条最优的回家路线。科学家一开始认为这种小生物具备出色的地形感知能力，或者善于计算，但通过观察，发现蚂蚁并没有这一类特殊的能力，它们寻找最优路线的方式很简单，那就是每个出行搜寻食物的蚂蚁都会随机选择一条路线，然后沿途留下信息素，随着出行蚂蚁的增加，各种路线也开始增加，这时，就

会出现一条行程最短最优的路线，而接下来更多的蚂蚁会自动选择在这条最优路线上留下信息素。很明显，这条最优路线实际上来源于无数蚂蚁做出决策后形成的系统，这个系统会推出一个最优的决策，而这就是蚁群的底层算法。

如果将蚂蚁群想象成一个团队，而团队中的每个人就是出行的蚂蚁，他们也会像蚂蚁一样进行尝试，而每一种尝试集合并叠加起来之后，就会出现一个最优的答案，团队管理者可以依靠这种智能的决策系统找出实现目标的最佳方法，这属于团队的底层算法。在现代管理体系中，很多团队管理者会借助头脑风暴法来解决问题，让更多的人参与到项目分析和决策中来，鼓励更多的参与者说出自己的想法和方案，管理者会综合所有的方案做出最终的决策，寻求一个最优的答案。从某种意义上来说，头脑风暴法也是一种底层算法。

如果将蚂蚁群当成某个人，而每一次蚂蚁的行动可以看成是个人的每一次行动，那么这个人只需要将自己以往的每一次行动进行叠加，从中找出最好的那个行动方案，这是个人的底层算法。它就像是一套编程，可以不断推动人们进化和学习，从而找到更为高效的致富方法。通常情况下，个人可以通过细节改进来完善底层算法，也可以通过更多的尝试来寻求更优的解。

原理虽然简单，但在实际操作的过程中，考虑到各种不确定因素的影响，个人的认知系统和决策系统会出现误差，加上人们在不同时刻所扮演的自我角色不一样，有时候可能会因为状态不佳而冲动行事，破坏规律，导致无法找到自己的底层算法。想要构建强大的底层算法，往往需要强大的自控能力和出色的自我调整能力。

有人曾经总结了构建底层算法的方式，并提出了9个基本要求：

第一，做事靠谱，有始有终。简单来说，就是人们在做事的过程中，必须认真贯彻每个环节，坚持按照要求走完流程，坚决执行任务，不会受到内在外在因素的干扰。

第二，合理安排不同的工作。一般来说，人脑存在两套工作系统，第一套是自动驾驶系统，它依靠本能、直觉和条件反射来解决问题；第二套是主动控制系统，它依赖人的理性思维、经验、记忆来完成操作。人们应该灵活使用这两套系统，对于那些不重要的事情，可以依靠第一套系统去执行，而那些重要的、关键的行动要依赖第二套系统去完成。

第三，强化个人的内控能力，加强理性思考，确保流程的每个环节得到合理控制，保证自己的行为能够达到预期的结果。

第四，注重重启，简单来说，就是当自己遇到挫折和失败时，能够重新开始，而不是就此退缩和放弃。重启是个人确定算法的一个关键环节，如果缺乏耐心和毅力，缺乏重启的勇气，那么底层算法就无从说起。

第五，努力成长，比如人们可以设定一个更高的目标，并注意切分成可执行的小目标；比如积极打磨细节，确保每一个流程都要完整、高效；又比如积极进行自我反省和反馈，了解自己的行为以及行为造成的结果，并积极思索更好的方法。

第六，把握核心价值，运用杠杆进行大规模复制，同时要构建护城河，确保自己的核心价值无法被竞争对手复制，从而获取长期的竞争和发展优势。

第七，借助垄断来实现复利，简单来说就是，寻找一个具备垄断能力的核心资源，然后借助时间来提升这个核心资源的复利，确保个人财富的倍增。

第八，构建伟大的愿景，即提醒自己要做一件伟大的事，要成为优秀的人，同时借助这种宏观的算法来推动个人的行动，引导人们向着目标前进。

第九，坚持下去，寻求最优方案，人们想要获得更优的路线，要做的就是不断坚持尝试和执行，多尝试几种不同的方案，最好能够寻求各种创新模式，这样就可以通过行动的积累和叠加，来构建更完善、更高效的底层算法。

以上9种方法是寻找和构建底层算法的基本模式，它们可以帮助人们锁定自己的底层算法，帮助自己找到更高效、更合理的致富方法。

5

Chapter

掌握高效的经济学知识，
寻求资本扩张的密码

» 培养复利思维，掌握财富倍增密码

假设K先生准备在银行里存40万元钱，按照一年的定期来存，利息是3‰，他打算存十年，那么K先生可以选择多种不同的存储方式。

第一种：K先生只选择存一年，一年到期后取出本金和利息，此时他的个人资产会变成412000元。

第二种：K先生打算存10年，但是每年到期的利息直接取出来，他只存下40万元本金，10年之后，本金加上利息共计52万元。

第三种：S先生选择一次性存10年，10年以后才取出本金和利息，由于每年的利息都会计入下一年的本金当中，并产生新的利息。10年以后，本金加上利息共计：$40 \times (1+3‰)^{10} \approx 53.7566$ 万元。

如果直接进行观察，那么第三种存款方式的收益最大。为什么会这样呢？在不考虑通货膨胀影响的情况下，存款的时间越长，获得收益自然越多。而同样都是存10年，第三种存款方式之所以要比第二种存款方式获利更多，是因为复利。

这里有一个非常有趣的话题：假设某人有一个保险柜，往里面放入100元，然后钱每天会增加一倍，在第N天的时候，保险柜里的钱刚好装满一半。那么接下来，还需要多长时间才能装满呢？很多人可能会习惯性地认为还需要N天，但实际上只需要一天。因为复利的存在，资产始终都是以翻倍的形式去增加的，因此从一半到装满，只需要短短的一天时间，也正是这一天的时间，人们可以实现财富从量变到质变的积累。

复利是一种非常典型的杠杆模式，它所强调的是人们借助时间来放大资本扩张的规模和增长的速度，而这种扩张取决于两个因素，一个是时间的长度，一般而言，时间越长，财富放大和增长效应越明显。另一个则是利率的大小，它是为决定财富增长快慢的关键，类似于物理学上的加速度，通常情况下，利率越大的话，财富的增速越明显。

许多人将复利称为斜坡上滚雪球，众所周知，雪球往往越滚越大，如果雪地的湿度足够，雪球的吸附力就越强，如果雪地的坡度足够长，雪球滚动的时间会增加，这样就使得雪球越滚越大。

从这个角度来分析，人们如果打算获得更多的更高的收益，或者说想要快速积累财富，那么就要借助复利思维来撬动财富。

首先，人们需要选择一个优质的投资项目，这里所强调的优质项目包含了2个要素：投资项目必须拥有出色的收益率，投资项目必须拥有可持续发展的空间。

一个收益率不高的项目，虽然同样可以在很长的投资时间内实现利滚利，但即便将时间拉得很长，收益也不会很高，这对财富增长没有什么很大的帮助，而且很容易产生很高的机会成本。同样，如果一个项目没有可持续成长的空间，只是暂时性的增长，那么投资时间就无法拉长，整个雪坡会变得很短，而这么短的距离是难以滚出很大的雪球的。

其次，人们应该做到利滚利的投资模式，最好长时间持有，而不要总是急着将获得的利息取出来：投资时间要足够长，给财富更多增长的空间，将利息一直留在本金中。

投资时间是决定复利大小的一个重要因素，如果一个项目非常出色，回报率很高，但是人们没有足够的耐心继续投资，只能坚持很短的时间，最终获得的收益会很有限。此外，如果人们本着尽快拿回本金的想法，将每年的收益都取出来，或者隔一段时间取出一部分，这样就会影响复利的增值效果，更聪明的做法是将每一期的利息留下来作为下一次投资的本金，一直坚持下去。

复利是实现财富增值的一个有效方法，不过在现实的操作中，可能会存在一些问题，比如人们在设定自己的投资年限时，往往需要对整体的投资回报情况进行评估，尽管从原则上来说，那些优质的有发展空间的项目值得长期投资，但任何一家公司，任何一个项目都会有高潮和低谷，不可能一直都保持良好的增长势头，人们要预防的就是当企业走下坡路（项目回报开始亏损）之前撤资。这个时机并不好把握，对于普通人来说，可以选择一个比较稳妥的办法，那就是看看自己的投资在什么时候会实现财富翻倍，然后依靠寻找和定位这个财富倍增点来做出是否要继续投资的决定。那么这个财富倍增点应该如何寻找呢？

其实，经济学中其实有一个著名的"理财72法则"，它就是一个计算理财（或者投资）收益与时间关系的公式。人们如果想要计算本金和利息翻倍所需要的年限，那么只需要了解该项目的年投资回报率或者年利率X%，接下来只要用72除以x，所得出来的数字就是投资资本翻倍的年限。假设某个项目投资200万元，年收益率为12%，那么想要实现400万的财富积累，需要6年。

还有一点也很关键，人们对于回报率的评估也会受到各种不确定因素的影响，毕竟一家企业不可能每年都保持8%的增长率，企业的发展和项目的推进很容易出现各种波动，人们在评估回报率或者收益率的时候，应该如何界定一个具体的数值（平均数）也是一个比较复杂的问题。人们需要设定一个较长的时间来观察企业的发展情况，给出更加合理的估值与预判，这里面涉及未来现金流折现、每股净资产、年度营收额等多个基本面的计算和评估，确保最终的判断更加合理。

总的来说，想要合理运用复利致富，一定要找到好的项目，而对于好项目的评判，关键在于了解公司的基本面，把握住评判公司发展情况的几个关键指标，只要坚持拉长投资时间，就可以充分释放复利的巨大的能量。

» 强化成本控制，以最小的成本做最大的事

　　在经济学理论中，成本管理或者说成本控制是一个非常重要的内容，因为人们在经营任何一个企业、项目时，想要实现盈利，一方面要尽可能获得更大的收益，另一方面则要控制好成本，减少开支，而且无论是使用杠杆，还是选择一些好的项目，对于成本的考核始终是一个重要的标准，人们想要通过某个项目实现更多的盈利，就需要想办法在成本控制上做到位，因为成本越小，潜在的盈利空间就越大。

　　比如投资者在购买股票的时候，一方面试图寻找优质股，希望股票的上涨空间很大；另一方面则希望购买股票的价格可以更低一些，因为更低的价格往往意味着更高的盈利空间。举一个很简单的例子：提起伯克希尔公司的股票，很多人首先想到的就是它多年来飞速增长的股价，巴菲特在2015年的致股东信中说道："在过去的50年中（即现任管理层上任以来），公司每股账面价值已从19美元增至146186美元，年均复合增长率折合为19.4%。"如果从股价的角

度来分析，那么这50年来，公司的股价上涨了18261倍，每股价格达到了21.75万美元。这样高的价格让投资者垂涎，但也引出了一个问题，伯克希尔公司股票上涨的空间不可能再像过去那么大了。

2017年，伯克希尔股价一举突破了30万美元的大关，虽然股价很惊人，但是上涨的幅度并不大，与同期很多公司的股票相比，增幅并不明显。到2021年5月份的时候，伯克希尔公司的股价又攀升到437131美元的高价位上，与2015年相比，算是翻了一倍，但它还会一直上涨吗？通过对伯克希尔公司进行观察和评估，就会发现，这个价位基本已经到了高位上，很难获得实质性的突破，就连巴菲特和芒格也认为此时继续购买伯克希尔公司的股票有些不值得，因为未来的上涨空间会非常有限（**毕竟任何一家公司的股票都不可能无限制地增长**）。事实也是如此，最近一两年，伯克希尔的股价基本在42万~43万美元上下波动，在2022年7月10日，股价为42万1800美元。

对于投资者来说，在几十年前，甚至十几年前购买伯克希尔公司的股票，都会大赚一笔，但这两年投资伯克希尔股票的人，基本上很难挣到钱，原因就在于投资的成本太高了，动辄几十万美元的每股价格，并不是普通投资者能够承受的，而上涨空间不明显又让很多投资者望而却步。可以说，伯克希尔公司仍旧是非常优质的公司，但对于投资者来说，面对这样高的股价，他们已经无法做到合理的成本控制了。

除了股票之外，在其他项目的投资、经营和管理上，人们同样需要做到成本的有效控制，尽可能减少成本带来的负担。事实上，很多人在积累财富的时候，只看重最终的收入，忽略了成本的考量，这是一个错误的计算方式。

假设某人打算生产不同类型的产品，并且拥有ABC三个产品选项。

生产产品A的投资最大，需要花费530万元的成本，预期收益为700万元。

生产产品B的需要花费400万元的成本，预期收益为600万元。

产品C的投资规模最小，需要花费350万元，预期收益约为500万元。

从三种产品的生产规模来看，产品A的收益最大，产品C的成本投入最小，那是否意味着这两款产品最适合投资呢？事实上，从最终的纯收益来看，最合适的生产项目是产品B，不过这种对比其实也不是完全规范且合理的，因为不同产品在生产过程中的成本控制是不同的，假设产品A的生产线可以在原生产线上进行改装，那么成本就可以大幅度降低。或者产品C在生产时，可以将闲置的一批原材料进行再利用，那么成本同样可以下降很多。又比如，产品B在生产过程中，如果不注意控制成本，可能会导致成本进一步上升，从而压缩盈利空间。

很明显，成本控制始终都是一个影响最终收益的重大因素，人们不要轻易忽略它，那么如何才能做好成本控制呢？

第一，从每一个环节入手，强调节约每一笔不必要的开支

这里主要包括对流程的合理管理，确保流程上的每一个环节都有迹可循，每一笔开支都需要进行精心计算，保证不会出现额外超支的行为。在必要的时候，人们可以进行流程优化，删除不必要的环节，节约不必要的劳动力，简化烦冗的流程。此外，优化流程可以有效避免重复工作的情况出现。

第二，要养成节约的习惯，关注每一个开支细节

细化每一笔开支，尽可能减少资源浪费，包括纸张的浪费、水电的浪费、天然气的浪费，从小事做起，从细节做起，保证自己不会制造无意义的成本消耗。

第三，使用新工具、新技术和新方法

优化自己的工作模式，提升工作效率，这样就可以有效节约开支，比如某人依靠原来的工作方法和工具，1小时只能生产20件产品，使用了新工具和新方法后，效率提升了1倍，而相应的成本也缩减了三分之一，相比之下，使用新工具和新方法，无疑起到了降低成本和增加收益的作用。

第四，选择使用一些杠杆来降低成本

因为杠杆本身就可以起到复制和扩大规模的作用，这样就可以有效降低成本。尤其是一些复制边际成本为零的杠杆，像平台推广、电视广告、短视频直播，往往可以以最少的成本实现最大的收益。

» 留存充足的现金流，为创造财富奠定基础

很多人创业往往只看重账面上的营收，而不注重现金流。比如某人经营着一家工厂，每个月都要出售2400件产品，每件产品的成本为500元，售价为700元，按理说，每个月的纯收入为480000元，但对于一家小企业来说，这样的效益已经非常不错了。但问题在于这家公司的客户每个月都会拖欠68万元的货款（只支付100万元的货款），因此每年的欠款达到了816万元，加上来年需要大量的成本投入，企业运营得非常糟糕，经常遭遇资金断裂的情况。

很明显，这家公司虽然账面的收益很可观，但大部分都还是以外债的形式存在，而这笔钱在没有回收回来之前，实际上只是一个空洞的数字，并没有任何实际的意义。相比于账面上的利润，现金流更加看重的是现金的流通，它在很多时候比利润表上的利润更加重要。因为现金流充足表明企业还可以继续运营，而账面上的利润即便很可观，但若是无法回收外债，那么企业想要继续发展或者扩大生产，就会面临巨大的困难和阻力。

作为企业的血液，现金流在现代企业经营管理以及价值评估中具有重要的作用。人们在经营一个项目时，一定要看重现金流，它可以全面反映企业的造血能力，现金流强大的企业往往拥有非常好的发展状态和发展空间。

现金流是企业在一个周期内的现金流入和流出总量，一般分成三类，第一类是经营性质的，假设某公司销售了200万元的产品，顺利拿到了这笔款项，这笔钱就属于经营性现金流。第二类是投资性质的，假设一个人投资100万元用于购买股票，随着股票涨价，他在高位上卖出这些股票，一共拿回400万元，这笔钱就属于投资性现金流。第三类是融资性质的，假设有人创业筹集了1000万元资金，盈利后还给对方1100万元，这就属于筹资性现金流。

不同的现金流有着不同的作用，无论是哪一种，都是强调公司对现金的把握，确保公司有足够的资金来维持正常的运营。了解一个项目或者一家公司的现金流，有助于明确自己的商业操作是不是具备较高的安全系数。通用电气公司前CEO杰克·韦尔奇说过："如果你只有三种可以依赖的业务衡量方法，那么应该就是：员工满意度、客户满意度和现金流量。"

对于那些优秀的企业家和投资者来说，保持充足的现金流往往是一个必要的手段，因为现金流充足意味着自己拥有抵御巨大风险的能力，大量的流动性资产会成为最有效的保障。拥有充足的现金流，他们才有机会投资更多更好的项目。现如今，世界上最出色的公司大都具备充足的现金流，这为它们的发展提供了巨大的助力。

正因为如此，人们需要重视现金流，而不要总是将目光锁定在账本上，为了确保自己可以获取更多用于积累财富的资金，就要想办法提升现金流。

第一，制订合理高效的现金投放计划

任何一个人或者企业的现金流并不是无限多的，再充足的现金流，如果不注意合理支配，也会被随意浪费掉。所以为了保证运转项目以及抵御风险所需的现金流，人们应该想办法对各项经济活动进行等级划分，合理分配资本，比如要将钱重点投放在那些重要且有价值的项目上，将钱重点投放在那些能够带来长期收益的优质项目上，而对于那些无关紧要或者低价值、低回报的项目，最好选择性放弃，或者尽可能少投资。

第二，制订月度或者季度现金流量表

许多人对于现金流没有概念，常常忽视它，为了引起足够的关注度，人们在经营和生产某个项目时，一定要注意制订月度或者季度的现金流量表，这样做可以及时了解每个月或者每个季度的现金流动情况，了解项目的发展情况，从而做出更加合理地调整。比如当自己的现金流充足时，那么就可以挪出一笔钱继续投资一些好的项目，争取扩大收入。如果现金流不足，那么人们就要想办法收缩自己的投资和事业，避免继续扩大投资，导致资金链出现断裂。在很多大型企业当中，管理者都会制订现金流量表，并将其作为公司发展的重要考核标准。

第三，合理开支，拒绝浪费

现金流充足并不意味着企业和个人就可以随意进行投资，为了确保资金的有效利用，人们需要对每一笔资金都进行合理管控，确保内部的开支更加合理、高效，拒绝不必要的开支和浪费，拒绝在一些不合理的项目上消耗资金。对于那些强调现金流的企业和个人而言，他们会细化项目的每一笔开支，会建立一个资金追踪机制，顺利查询每一笔资金的用途。

第四，留出一笔保障资金

想要积累财富，就要承担一定的风险，为了应对潜在的风险和一些意外事件，人们需要预留一笔钱来应对风险和危机，这样一来，当一些不可控的情况出现时，自己有足够的保障资金来度过危机。此外，留出保障资金还有一个好处，那就是当好的投资机会出现时，自己可以在第一时间把握住机会。像苹果公司、伯克希尔公司、谷歌公司之类的顶级企业，管理者都会强调留出一部分应对危机的资金，通常都在几百亿美元的规模，这笔钱是推动企业建立应急机制的关键。

需要注意的是，现金流并不是越多越好，如果一家企业的现金流非常多，那么很可能表明这家公司缺乏很好的投资项目，找不到可以投资的标的，这个时候，企业的发展就陷入了停滞，因此现金流应该控制在一个合理的范围内，在用于投资之后，可以适当留存一部分。

» **获取更多的资产，减少负债**

在谈到个人财富的时候，往往会涉及另外一个概念：资产。很多人对资产的概念不了解，认为资产包括个人的房产、现金、企业、车等一切可以兑换财富的东西。但实际上资产是指"由企业过去的交易或事项形成的、由企业拥有或者控制的、预期会给企业带来经济利益的资源"，简单来说，资产是能够带来持续收益的资源。以这个指标作为判断，就可以发现很多日常生活中被当成资产的资源其实并不能算作资产。

举个例子：很多人平时都会买车，当车买回家之后，每年都要缴纳大量的保险费、保养费和维修费，还要支付日常的油费，加上车每年都会产生一定的折旧费，车实际上成为一个每年都在产生支出的消耗品，这样的消耗品显然不能算作资产，只能被当成负债。当然，如果人们将车买回来当出租车用，每天都可以产生一定的收入，或者人们可以开着车出去跑业务，扩大自己的销售半径，最终创造了更多的收益。那么这个时候，车就具备了资产的特点，它既可以算作资产，又可以当成负债。

同样地，人们在评估房子的时候，也可以使用类似的判断方法。一般来说，当人们买下房子之后，每个月要缴纳物业费，每个月需要偿还一定的贷款，这些支出就决定了这些房子属于负债。不过，如果房子一直在升值，而且升值的幅度明显大于日常的支出，在出售房产后挣了一大笔钱，那么房子就变成了资产。或者人们直接选择将房子出租，每个月都可以获得租金，这样的房子同样具备了资产属性。

对于那些一心想着如何进行资产配置，如何想着实现财富增值的人来说，了解资产和负债有助于他们更好地了解自己的财富会不会增值，有助于他们在进行资产配置和运作时，能够找到更有效的财富增值模式。一般来说，人们要想办法增加资产，并尽可能减少负债，比如很多人在借助资本杠杆创造财富的时候，就会涉及资产和负债，当人们进行筹资和贷款时，需要每个月或者每年支付一定的利息，这就产生了负债。但是由于操作得当，他们将筹集来的资金用于投资，获取了更多的收益，此时这笔钱就成了资产。

很多人之所以不能利用好资金，很大一个原因就在于，他们总是不断购入一些不断消耗财富的产品，或者一些不能持续产生价值的东西，比如很多人喜欢买房买车，喜欢购买一些奢侈品，喜欢享受一些精致生活，而这些东西往往只会源源不断产生消耗，而不会带来盈利，或者说人们并没有想过如何将这些消耗品用来创收。

一个聪明人不会轻易落入负债的陷阱，对于那些可能消耗个人生活和资本的东西，他们往往会保持谨慎。

1951年，从哥伦比亚大学毕业的巴菲特，回到了老家奥马哈做了一名普通的股票经纪人，一年之后，巴菲特遇到了自己喜欢的姑娘苏珊，并且在不久之后决定成婚。那时候两个人都渴望拥有一套自己的房子，而巴菲特完全可以拿出自己的积蓄买下一套婚房。

可是巴菲特在结婚的时候对苏珊说："亲爱的，我现在给你两个选择，我工作一年就攒下来了一万多美金，一是花1万美金买套小房子，二是这1万美金让我去投资，过几年买套大的。"苏珊说："好，我相信你。"就这样，巴菲特租了一套两室一厅作为婚房，但他有了多余的钱用来投资。

1956年，26岁的巴菲特成立巴菲特联合有限公司；1962年，巴菲特挣到了人生的第一个一百万美元；2008年，巴菲特的个人身家突破620亿美元，成为世界首富。

那么富人真的不会购买消耗品吗？其实也不是如此，比如很多富豪会购买私人飞机和私人游艇，这些东西既是身份的象征，又是个人享受生活的物品，表面上看起来它们都是一些负债，但实际上，有了私人飞机，富豪们出去谈生意的效率更高，时间的有效利用让他们获得了更多的财富。而且私人飞机和游艇也能够成为富人们聚会的重要工具，从而更好地推动生意的发展。他们非常善于将负债转化成资产，从而推动个人财富的增加。

对于人们来说，需要分清资产和负债，在买入东西之前，就要弄清楚自己所购买的是资产还是负债，在使用物品的过程中，就要想办法进行转化，将负债转化成为资产，或者增加负债中增加资产属性。

除此之外，如何丰富个人的资产也是一个重要的课题，人们需要寻求更多能够持续创收的项目，比如购买值得信任的理财产品，选择投资一些优质企业，出售房产，出租商铺，转让技术和专利，通过增加更多的被动收入来积累财富。许多人认为自己都是负债，没有多余的钱，根本没有办法增加资产，其实个人财富的多少并不影响人们增加资产，最重要的是人们继续培养增加资产的意思。有的人工资很低，那么就要学会节约开支，合理分配资金，减少不必要的消费，将钱集中起来投资或者购置资产。很多理财并不需要很多的钱，即便是几百元也可以用来创收，关键是积少成多。

还有一种方式就是花钱学习，不断提升自己的能力，掌握更多的致富技能和支付工具，这种方式虽然短期内会产生资本消耗，但是对自己未来的发展会有更多的帮助，能够帮助自己实现更快的成长，提升自己把握商机和增加财富的能力。很显然，投资自己也是增加财富的一种方式。

» **不景气的时候，机会往往更好**

　　许多人在投资的时候，喜欢在经济景气的时候选择投资项目，喜欢在企业发展良好的时候进行投资，在他们的惯性思维中，企业发展情况非常好的时候，证明企业还有很好的上涨空间。这种想法虽有一定的道理，但实际上也存在一个问题，那就是企业竟然发展势头很好，那么也就意味着它的上涨空间非常有限，包括企业的股票价格，也处于一个较高的位置上，而这样的高价位实际上并不适合投资，投资者往往无法获得更大的盈利，毕竟任何一家企业都不可能无限制地增长。

　　如果对那些顶级投资者进行分析，他们更愿意投资那些处在低谷的企业，更愿意在经济不景气的时候寻求到优质项目进行抄底。原因很简单，当企业发展不景气的时候，股价往往也是最低的，投资者可以用更低的成本进行投资，对他们而言，这是积累巨额财富的绝佳机会。所以很多投资者都会选择在企业陷入低谷时出手，把握住投资机会，随着形势的好转和项目的增值，充分发挥杠杆的作用。

比如谷歌公司在成立之初，一度遭遇股价下跌的窘境，在最糟糕的时期，一度下跌了超过50%，很多投资者都害怕投资这家新兴互联网公司，担心它会成为一笔不良资产，但实际上谷歌公司展示出来的发展潜力让那些顶级投资者着迷，他们不仅没有在股价下跌时感到害怕，反而加大了投资筹码，不少人甚至通过借贷的方式花重金购入谷歌公司的股票，而随着谷歌公司的发展恢复正常，股价呈现几何式的增长态势，此时，那些顶级的投资者在短时间内就获得了几十倍、几百倍的收益。

事实上，对于那些精明的投资者来说，选择在低谷时出手，除了精准的预判和出色的选股能力，还有对经济学知识的了解。他们知道，任何一家公司的发展都会出现波动，都会经历低谷和高峰，对投资者来说，想要确保收益最大化，那么最好就是选择在低谷附近出手投资。其次，在企业陷入低谷的时候，通常不被人看好，因为多数人都是追涨不追跌的，因此投资者的竞争压力会非常小。依据供需关系，投资者在投资或者收购时，会更加顺利，而且可能只需要提供很小的代价。

投资大师本杰明·格雷厄姆在《聪明的投资人》一书的第八章曾经提到了"市场先生"的利润，并进行了详细的解释，他认为市场先生每天都会出现在投资者的面前，只要投资者愿意，每天都可以从市场先生那儿买进或卖出自己的各项投资，当市场先生感到沮丧时，投资人往往就拥有更多更好的机会，原因很简单，只要市场波动的幅度越大，市场上就会出现一些超低价格的优质项目，就会出现一些低价就可以购买的优质公司，这种超低价的优惠在很多人眼中或许是一个不好的征兆，但对于真正的投资者来说，这是一个千载难逢的好机会，他们会毫无顾忌地把握住这些好项目。

作为格雷厄姆最得意的门生之一，克里斯托弗·布朗一直都遵守老师的价值投资信条，比如格雷厄姆非常喜欢寻找那些便宜的股票，喜欢购买那些下跌之后股票，克里斯托弗同样对下跌中的股票感兴趣，在长达37年的投资生涯中，克里斯托弗一直都在全神贯注地盯着那些下跌的股票，时刻想着以低价购入股票。他的想法很简单，一个人投资股票的时候，最大的风险往往不是股票本身，而在于自己购入的价格。假设一只股票的价格为200元一股，可是几个月内不断下跌，一直跌到50元的超低价位上，这个时候，对投资者来说，购入股票的风险比较低，因为即便这是一只垃圾股，真实的价值也不会比50元低太多，如果股票是优质股，迟早也会涨回来的，投资者完全可以挣到很大的差价。

这就是克里斯托弗的投资者哲学，但很多人其实并没有看透这一层知识，他们会对下跌的东西感到恐惧，并且尽可能远离，但很多优质项目也会在波动中跌入低谷，重要的是人们是否能够看懂它们的价值和未来发展的潜力。克里斯托弗并不是盲目地寻找那些下跌的股票，在选择股票时，他会重点关注企业是否具备稳健的资产负债表和可观的收益，只有那些具备良好发展空间的企业，才会被克里斯托弗选中。

需要注意的是，人们应该尽量避免抄底，计算股价的最高点以及最低点非常困难，一个聪明的价值投资者会明白一点，没有人可以预测股价，而且股价本身也是不可预测的，所以真正可以做到每一次都可以准确抄底的人基本上不存在，有些人即便能够把握住最佳的时间点，不过是运气好而已。就连顶级的价值投资大师，也不会耗费心力预测股价，当然，这并不意味着他们不懂得如何把握投资的时机。

比如很多人在股价下跌时，会选择分批次购入股票的方式，一只原价30元的股票快速下跌后，投资者会在20元每股的时候买入一部分，降到17元的时候继续购入一部分，等降到15元时，可以继续买入，这样做是为了降低风险，也可以及时有效地试探股价的走势。总的来说，优质的投资者不会想办法找到最佳的抄底时机，而是寻求一个大致的入手时机，对于人们来说，也是如此，一方面要努力锁定一个优质项目，另一方面要选择在价格更低的时候进行投资，保证自己的投资更有弹性。

» 寻求优质资产，需要制订一个合理标准

　　人们想要积累更多的财富，那么就要想办法寻求更多优质的资产，但人们对于优质资产的界定通常都不清楚，多数人都不知道自己应该如何进行选择，也不知道优质资产的具体标准是什么。其实从资产的属性就可以看出一点，资产是能够带来持续收益的东西，那么这里就涉及两个重点：带来收益，以及获取收益的持续性。

　　如果想要实现更好的财富积累，一定要优先选择那些优质资产，这里强调的优质资产是指那些能够在较长时间内都获得高收益的资产，比如某人在2004年购入的一线城市房产就属于优质资产，因为在过去十几年时间里，它们的价值一直在飞速增长，回报率非常高。又比如，某人在2003年开始投入一线品牌的互联网公司，这些投资也属于优质资产，它们也在十几年时间里产生了惊人的回报。

　　其实，每个人都希望获得优质资产，但不同的人对于优质资产的界定不同，它们选择的投资项目以及对项目的评估方式也不

相同。比如投资大师沃利·韦茨手里掌握着50亿美元以上的共同基金，为了确保实现投资效益最大化，他在投资时非常看重一点，那就是投资者对于所投资的公司是否足够了解，比如这家公司究竟是如何运作的，其盈利能力和价值时怎样的，它是否拥有持续的竞争优势，是否拥有很好的管理层，这家公司获得成功的主要原因是什么，其失败的原因和最大的障碍又是什么，这家公司是否在法律方面拥有一些特权或者特殊的优势。多年来，沃利一直都坚持投资自己能够理解的公司，这一点和巴菲特很像，他们很少对自己不了解或者不能理解的项目进行投资，因此他们常常会设置一个投资范畴。

又比如圣特尔指本公司的对冲基金经理泽克·阿什顿，他就倾向于把很小的资金发展壮大，组合成40~50年的高收益资产。他追逐任何能够产生价值的东西，因此对那些最小的优质公司非常痴迷，并且对现金流非常看重，他认为评估一项投资是否合理，关键在于相关资产在其生命周期中可以产生多少现金流。泽克·阿什顿拥有一套非常简单的投资理念：必须是小而优的企业，拥有出色的管理、优秀的品牌、良好的资产负债表；拥有最低15%的年收益，购入资产的价格与自由现金流的比率是个位数。

不同的人会有不同的方法和依据，最重要的是找到自己的方式，并且形成一个可靠的经验与投资体系。但无论如何，人们在寻找优质资产，尤其是优质的公司时，往往会重点看那些高品质的公司，毕竟一家公司的品质越高，它的内在价值也越高，回报率越高。在评估一家公司的品质时，可以从多个方面入手，比如公司的现金流、用户的黏度、客户的转换成本、销售的半径与渠道、服务的网络、技术专利、资源优势等，在所有品质中，"拥有定价权"是最具优势的一个品质，这类公司往往也是最优秀的。而定价权往往和品牌优势、进入门槛难度、复制的难度、垄断地位、技术领先、资源控制、转换成本息息相关，总的来说，拥有定价权的企业往往具备了强大的竞争优势，在整个行业内都具有很大的话语权，而且客户的黏度与忠诚度非常高，其他竞争对手很难对其产生威胁，不过这样的企业和项目并不多见。

在挑选优质资产的时候，不能仅仅依靠主观判断，人们需要针对标的公司或者项目的基本面进行分析，很重要的一项工作就是进行估值，简单来说就是评估一个项目的价值，看看自己是不是值得去经营这个项目，是不是值得花费时间和精力来获得这份资产。以收购企业或者购买股票为例，许多人会提前对标的公司进行估值，而市场上存在各种类型的估值指标，PE（市盈率）、PB（平均市净率）、ROE（净资产收益率）、ROA（资产收益率）等。一般来说，投资者会从市场、行业和个股三个层面使用这些指标，从而判断当前的价格是否被低估，一般情况下，投资者会通过对比的方式做出判断，包括该公司与同行之间的对比，与过去的发展情况进行对比，以及公司当前情况与未来的预期之间进行对比。

估值通常都是以保守为准则，尽可能以低价购入，这样做的目的是进一步强化安全边际。投资者有时候要确保慢步前行，保证自己不会出现大幅度的倒退，毕竟一次大幅度的亏损会导致之前的盈利严重受损，从而影响投资的信心和决心。很多人在给企业估值的时候，喜欢打折，比如一家企业估值在20亿~30亿元之间，那么可以选择更为保守的20亿元，在必要的时候，还需要打折处理。

这里涉及一个概念：自由现金流折现。这是衡量和评估上市公司内在价值的一个常用概念，自由现金流=净利润+所得税+利息费用+折旧摊销—营运资金的增加—资本支出，一般可以简化成为：净利润+折旧—资本支出，这是一个比较合理的计算方法。自由现金流在计算时需要考虑到每年的增长率，但也需要考虑到折现问题，因为通货膨胀的存在，钱会出现贬值，未来的现金肯定没有现在的现金值钱，一般来说，自由现金流折现=自由现金流÷（1+折现率）^N。

企业的内在价值=年现金流折现的总额+永续价值贴现。

永续价值贴现=永续价值÷（1+折现率）^N。而永续价值=N年的自由现金流×（1+永续增长率）÷（折现率—永续增长率）。

整个流程虽然比较烦琐，但也是一种估值的方法。

需要注意的是，估值的时候，通常会设置一些量化指标，但所投公司的品质和投资时机往往很难进行量化处理，人们还是不得不依靠自己的经验和主观决策来解决问题。不仅如此，正确的估值方式并不是单纯地给出一个大概的数据，也不是单纯设定一个估值区间，而是要弄清楚自己做出该估值的原因与依据，了解股价为什么被高估，或者为什么被低估，找到背后的原因是投资者需要明确的。

» 做好期望值决策，平衡收益与风险

在谈论财富积累的时候，无论是哪一种方法都不可能是绝对挣钱，或者绝对亏损的，事物都有两面性，人们选择致富方法同样如此，有时候选择一些收益不错的项目，反而会承担一定的风险，有的方法诸如杠杆的使用，虽然能够最大程度获益，但杠杆的风险也很大，弄不好就会产生很大的亏损。有的项目虽然风险不大，但收益也不可观，有的方法虽然相对保守，但一样会出现低收益的情况。

正因为收益与风险并存，人们在选择致富方法的时候，需要做好合理的权衡，确保自己在潜在的收益和亏损的风险之间找到一个平衡点。虽然每个人的想法不一样，比如有的人喜欢追求刺激，喜欢冒险，为了获取更高的收益，他们愿意接触那些高风险的项目。有的人倾向于更保守的致富模式，他们对于那些高收益项目保持谨慎态度，担心高收益的背后就是高风险。但对于多数人而言，可以选择一个更加折中的方式来做出选择。

假设S先生准备投资一个项目，项目的潜在收益为200万元，获益的概率为50%，可是一旦出现亏损，有可能会产生损失全部的成本投入，共计200万元。那么S先生应该选择这样的项目进行投资吗？

一般来说S先生可以这样进行计算：200×50%+（−200×50%）=0。这是期望损益值的计算方式，是收益额乘以收益概率加上亏损额与亏损概率的乘积，按照种计算模式，这个项目不值得投资。

假设J先生投资了一个项目，项目的投资成本为300万元，潜在的收益为500万元，可是获益的概率不大，大约为30%的几率。当项目出现亏损时，可能会出现100万元的亏损。那么J先生是否应该投资这个项目呢？按照计算，200×30%+（−100）×70%=−10，很明显这个投资不值得。

计算期望损益值是一种比较简单的操作方法，不过当人们遭遇到多种不同的项目决策时，可能会面临更加复杂的分析，这个时候，如何取舍就变得至关重要，人们需要更加复杂的分析模式和更加科学的计算模式，其中比较常见的一种方式就是使用期望值决策法。

期望值决策法是指人们在拥有多个方案时，为了确定该使用其中哪一个方案，就需要计算各个方案的期望损益值，然后以此为依据，选择平均收益最大或者平均损失最小的方案作为最佳决策方案。在这种决策方法中，人们会将不同选择的损益情况和概率分析全部计算出来，确保计算结果的合理性。

　　某人准备投资三个项目：第一个项目是开设两家快餐店，生意好的话，每年会产生150万元的盈利，如果销量不好，反而会产生30万元的亏损。生意好的概率为80%，生意不好的概率可能只有20%。第二个方案是合伙开一家酒店，按照周边人流量，正常的话，每年可以创造300万元的盈利，生意不好的话，可能会产生60万元的亏损。生意好的概率为60%，生意不好的概率可能只有40%。第三个方案是开设一家小酒吧，生意好的话，每年200万元的利润，如果生意不佳，每年还有40万元的盈利。生意好的概率为70%，生意不好的概率可能只有30%。

　　那么，接下来可以对三种不同方案下的期望收益值进行计算：

　　第一种方案的期望益损值：$150 \times 80\% + （—30） \times 20\% = 114$。

　　第二种方案的期望益损值：$300 \times 60\% + （—60） \times 40\% = 156$。

　　第三种方案的期望益损值：$200 \times 70\% + 40 \times 30\% = 152$。

　　经过分析对比，第二种方案的期望益损值最高，它是三种项目中的最优方案。这种决策方法能够有效平衡好不同项目之间的收益与风险，不过也有一些不足之处：

　　首先，人们对于收益的估计以及对于亏损的预估都不是一个确切的数据，而且很可能会出现一定的偏差，相应的概率也只是一个大概，人们很难进行量化，无法明确自己的获益概率一定就高达80%，或者得出自己的亏损概率一定就是20%。由于容易受到不确定性因素的影响，相关的数据估值往往和真实的情况存在一定的出入，而这种偏差很有可能会导致最终的决策出现偏差。因此，人们需要做出更多的准备工作和预测方法，确保相关数据尽可能接近实际情况。

其次，期望值决策更多的是解决平衡收益和亏损的问题，但很多项目并不是单纯地进行平衡就可以说服投资者。以上面的案例为例，第三种方案（开酒吧）的期望益损值比不上第二种方案，但对于多数人来说，可能都会选择第三种方案，因为按照正常的经营思路，这种方案基本不会出现亏损的情况，人们很难去拒绝这种相对保险的业务，相比于第二种方案中可能出现的亏损，第三种方案似乎更加稳妥。当两者之间的期望益损值差不多时，选择更加保险的第三套方案或许更符合多数人的心理期待。

事实上，期望值决策更多时候看重的是一种结果，在现实生活中，这种结果本身存在很多不合理的地方。在日常生活中，人们的判断不会那么理性，有的人喜欢高收益，不害怕冒险，有的人喜欢安全，喜欢追求低风险的项目，使用这个决策方法的目的就是为了培养更加理性的决策，尤其是考虑到人们可能借助杠杆来寻求资本的翻倍，如果不能够更加理性和精确，可能会遭遇更大的风险。此外，这种决策方法只是为人们提供了一种方案，至于具体的执行情况，或许还要依靠当时发生的情形具体问题具体分析，人们或许可以结合自己的性格、能力、习惯、现实情况做出调整。比如人们的资金更加充裕时，可以适当冒险，如果资金不足，那么可以相对保守一些。

Chapter

6

摆脱穷人思维，熟练运用各种杠杆

» 改变为他人挣钱的思维模式

罗伯特·清崎与莎伦·L·莱希特是全球知名的财商教育专家，两人曾经一起创作了畅销书《富爸爸财务自由之路》，在这本书中，他们提出了一个财富四象限的观点，具体来说就是按照收入的不同，将人们划分为雇员、自由职业者、企业所有人、投资者四个象限。

其中雇员象限属于工薪一族，一生大部分时间都在为别人工作，他们的收益、能力、时间都不属于自己，而是被雇主牢牢掌控，这类人很难在工作中积累大量的财富，想要实现财富自由非常困难。

自由职业者拥有自己的事业，但基本上都是一些小规模的经营，包括小饭店、美发店、文具店、小超市、私人诊所之类的项目。这类人有一定的自由，收益也比普通的打工人要高一些，但要承担一定的经营风险，而且基本上都是拿自己的精力、健康和时间换取财富，想要积累可观的财富并不容易，也没有太多时间享受生活。

企业所有人是自由职业者的进化，他们拥有自己的时间和事业，收入一般要比自由职业者高很多，毕竟他们掌控了一个更大的组织和团队，拥有更加完善的营收系统，在这个系统中，他可以自己工作，也可以雇佣他人，利用他人的时间、精力、健康、能力来为自己挣钱，相比自由职业者，他们拥有实现财富自由的良好基础，所要承担的营收风险也会更大。

投资者主要是借用别人的时间、精力挣钱，在所有象限中，他们的时间最充裕的，收益往往也非常可观，一般来说，会比其他象限的收益更高，不过投资本身就是一种充满风险的游戏，即便是最出色的投资者，也无法确保自己每一次都可以盈利，正因为如此，投资对于能力的要求非常高，投资者需要精准的判断力、强大的意志力，以及出色的经济学知识。

每个人都可以在这些象限中找到自己的位置，而在这四个象限中，最明显的区别就是收入的差距，对于那些想要实现财富自由的人，最好的选择就是成为企业所有人或者投资者，这两个象限往往存在创造大量财富的条件。但现实生活中，90%的人或许都是雇员，多数人处在低收入的状态，为什么会这样呢？表面上来看，或许是由于个人能力不行，缺乏优质的人际关系和社会资源，没有条件去构建更好的发展渠道。他们通常会这样看待自己："我能力不行，只适合给别人打工。"

事实或许并非如此，能力和资源的确是限制个人发展的关键要素，但能力是可以提升的，资源也可以想办法去获取，真正容易被忽略的问题是：人们改变现状的意愿究竟有多强烈，人们是否想过建立新的挣钱思维。

比如，在谈到为什么打工时，很多人会说自己能力不行，没有强大的社会背景和人际关系，但内心的想法恐怕是："我更喜欢追求稳定，害怕承担风险。"即便抛开能力问题，很多人从一开始就将自己定位成一个打工者，对他们来说，寻找一份稳定的、收入尚可的工作更为重要，因为他们在心态上还不具备承担风险的能力，而成为一个企业所有人或者投资者恰恰要承担巨大的风险。

正因为如此，很多人在提升能力的时候，可能偏向于专业技术的提升，学习的领域非常狭隘，这影响了思维层次的提升。至于人际关系，很多人会将自己平时积累的人际关系用于"寻找一份更好的工作"，而不是用来创业和拼搏。对于多数打工者或者低收入群体而言，缺乏主观能动性，在提升能力和经营人际关系方面仍旧坚持为"打工"这个目标服务，这就使得他们最终仍旧停留在打工的阶段。可以说，人们如果想要提高收入，脱离打工者的身份，首先要做的就是改变自己的思维和态度，努力向企业所有人和投资者的象限奋斗。

在这个转变过程中，很重要的一点就是寻求杠杆。简单来说，就是人们不要试图依靠自己的个人力量去奋斗，去解决问题，而要依靠更多其他人的劳动力、资本和经验去积累财富，即便是最成功的"打工皇帝"，也比不上那些出色的企业家和投资者。

在这一方面，段永平就是一个非常好的例子。1988年7月，研究生毕业的段永平选择南下，先在无线电八厂工作一段时间，之后进入怡华集团，成为集团公司旗下一家电子游戏组装厂的普通员工，技术出众、学历很高的段永平很快引起了总经理陈健仁的注意，于是他询问段永平是否有意向担任日华电子电器设备厂的厂长，段永平欣然接受挑战。

在那之后的几年时间里，段永平突破了工厂为他人组装产品的业务局限，开始带领员工自主研发，最终打造了风靡全国的小霸王品牌。由于在内部股权分配问题上和集团公司存在较大的分歧，段永平选择出走，这个时候，很多公司都向他抛出橄榄枝，但他意识到了自主创业的重要性，毕竟为他人打工，个人会丧失很大的自由和自主性，对个人能力的施展和对个人事业的规划非常不利，于是他克服重重困难创办了步步高。依靠着对技术的深入把握，对市场的精准掌控，步步高公司推出了步步高学习机、步步高无绳电话、步步高VCD等一系列重磅产品，段永平成为风头最盛的企业家之一。1999年，段永平因为清晰的远见和创新能力，直接而《亚洲周刊》评为亚洲20位商业与金融界"千禧行业领袖"之一。

2001年，40岁的段永平选择归隐，他希望花更多时间陪家人，于是移民到了美国，而此时的段永平进入了人生的新阶段，他放弃了继续经营企业的想法，从而转变身份，成为一名投资者。由于受到股神巴菲特的影响，段永平在投资领域表现出色，投资了网易、TCL、通用电气、苹果公司、腾讯公司、拼多多等多家公司，加上他在OPPO、VIVO、步步高三家公司都有大量股份，可以说，在投资方面获得了很大的成功，他自己也承认投资所挣的钱远远超出了创办企业的收入。

如果对段永平的经历进行分析，就会发现他一直都在努力转型，提高自己所处的收入象限，他对于自己的职业规划有一个清晰的认识，所有努力都是为了实现"个人财富自由"和"个人时间自由"。而对于普通人来说，他们所缺乏的正是这种清晰而明确的职业规划，以及不断寻求转型和突破的挣钱思维，努力进入更高象限的决心。

» 培养自己的借贷思维，合理使用资本杠杆

在现实生活中，经常会有一些企业家和成功人士，这样告诉人们：不要轻易去借钱和贷款。但事实上，很多企业家在成功的道路上都是通过借贷的方式来筹集资金，并发挥资本杠杆的作用的。

对于很多创业者来说，想要积累财富，往往会面临资金短缺的问题，无论是创办实业，还是进行项目投资，都需要花费一定数额的资金，创办实业需要厂房和办公室，需要机器设备，需要招聘大量的员工，需要购买原材料，需要完善内部的运输工具，这些都是需要花钱的，人们很有可能会面临较大的资本压力。在投资上也是如此，当人们遇到一个优质的项目时，往往会因为资金短缺而发愁。在面对这些问题时，最好的办法就是通过借贷的方式筹集资金。

假设某人拥有300万元的本金，他打算投资朋友一个项目，他可以直接投资300万元，有条件的话，最高可以投资500万元，毕竟项目每年的预期回报是30%，投得越多，回报也就越大。这个时候，

他可以直接选择投资500万元，然后从银行贷款200万元，银行的贷款利率只有8%左右。相比之下，贷款毫无疑问能够创造更多的收益。

很多创业者在创业初期为了筹集资金，常常会从亲朋好友那里借钱，一般情况下双方会约定偿还利息，而相比利息，通过筹集资金获得的收益要更高，这个时候，借钱就成为一种非常有效的杠杆。

更加常见的是炒房，在过去十几年时间里，一线城市的房产非常火爆，很多投资者就选择进军一线市场投资。假设2011年，X先生的手里只有150万元，想要在北京购买一套报价300万元的商品房会非常困难，为了实现全款支付房款，他该如何购买这套房子呢？

首先，他将自己老家县城的一套大房子进行抵押贷款，拿到了50万元，每年的利息为3万元，贷款时间为5年，那么总的支出应该是15万元。其次，他又从5个亲朋好友那里分别借到了20万元、10万元、25万元、25万元、20万元的款项，借款时间为5年，每年偿还的利息分别是1万元、8千元、1.2万元、2万元、2万元，5年共计35万元。那么他五年来一共要支出300+15+35=350万元。但实际上5年之后，这套房子的价格翻了3倍，达到了900万元，在出售这套房子之后，扣除了5年的物业费和买房卖房的税收大约17万元，最终从房子里获得的收益为900-350-17=533万元。

很明显，通过抵押贷款和借贷，他有效地实现了533万元的收益，这样惊人的财富实际上就是由资本杠杆带来的。也许X先生可以选择不借贷，而是用这笔钱支付首付，还款期限10年，但10年来积累的银行贷款利息也会超过150万，加上物业费和买卖房子的税收，潜在的收益明显低于借贷带来的收益。即便他能够在5年时间里出售房子，也需要支付一大笔利息。

许多人都认为借贷会增加自己额外的支出，但合理的借贷往往能够带来更多的收益，只要选中的项目足够好，自己具备出色的资本运作能力和投资手段，那么可以依靠着更少的借贷利息，实现资本的快速翻倍，无论从哪个角度来看，都是一笔很划算的生意。如果对那些富人进行分析，就会发现他们中的很多人都会通过借贷的方式实现财富的增值，不少大企业也会定期向银行借贷来实现资本的顺利运转，只不过他们始终有办法将借来的钱运用到更具价值的项目上去。

在西方国家，借贷成为个人或者企业信誉、资产的重要标志，当然，也并不是什么类型的借贷都值得提倡，人们需要尽可能保证自己的借贷是一笔优良债务，即自己借来的钱通过发挥资本杠杆的作用，实现了完美创收，收益远远大于自己的借贷成本，也远远超出自己使用本金带来的收益。如果是不良债务，应该趁早放弃，或者从一开始就要避免发生借贷关系。

所以想要实现财富的增值，人们需要合理使用资本杠杆，借贷是一个不可或缺的方法，只不过人们在借贷的时候，需要提前锁定优质项目和优质资产，确保自己的借贷是一笔优良债务，这样就可以有效推动财富的快速累积。通常情况下，人们需要对项目的预期收益做一个合理评估，要对潜在的各项借贷成本进行计算，只有提前做好判断和计算，才能够保证自己的借贷不会变成不良负债。

其次，人们必须学会进行风险评估和风险控制，很多项目虽然盈利非常可观，潜在的收益远远超过借贷成本，但风险非常大，如果不注意的话可能会产生更大的经济负担。比如很多人喜欢借钱炒股，喜欢炒期货，但这些行为的风险还是比较大的，存在很多不确定性因素，如果没有十足的把握，最好还是不要去触碰。很多投资大师经常使用资本杠杆进行投资，但同样不提倡借贷投资炒股。正因为如此，人们在接待投资时，需要明确一点：自己是否意识到了潜在的风险，是否有能力去控制好风险。

最后，要确保自己具备还款能力，很多人在借贷后会只想着盈利，而没有考虑过自己的还款能力。比如很多人同时经营了多个项目，即便某些项目获得了盈利，但是由于其他项目的开支非常大，加上日常的开支，导致盈利被消耗掉，无法顺利还款，这就会影响个人的信誉和形象。所以人们在借贷之前，必须保证自己要及时偿还借款和利息。

一般来说，想要确保还款能力的安全性，一定要考虑两个指标：资产负债比以及每月还贷比。资产负债比是负债在资产中所占的比率，如果超过50%，个人还款就有压力，就容易产生风险；每月还贷比是每月还贷额和自己每月收入的比率，这个指标最好也要控制在50%以下，有可能的话，最好控制在30%左右。

著名投资家乔治·米凯利斯不喜欢负债经营，他不会借钱去投资，也不会投资那些高负债的公司。正因为如此，他所持有的公司的资产负债率一般都维持在15%左右，一旦超过了这个标准，他就有很大可能放弃投资。对于普通人来说，如果真的找到了好的项目，还是可以维持30%左右的资产负债比的。

» 寻找一个好的平台，拓展自己的影响力

从营销的角度来说，这是一个流量至上的时代，信息、技术、资源最终都在试图转化成流量来变现，人们在获取财富的时候，也试图创造更大的流量，试图寻求最大的影响力和传播力，这也是自媒体能够快速发展的一个重要原因。那么如何才能保证更大的流量呢？平台很重要，打造或者借助一个更加高效的平台，无疑可以更好地把握住流量。

最常见的就是媒体平台，人们可能会拒绝媒体的帮助，或者说人们会认为依靠媒体来宣传自己会非常遥远，在最初的纸质出版时代，只有很少的人接触这一种广告宣传方式，多数人并没有想过借助书籍和报纸来宣传。到了广播和电视机引领的电子信息时代，人们会将广告当成一种高档的宣传方式，会觉得利用电视打广告是大公司才有实力去做的事情，普通人离电视广告很遥远。可是到了自媒体时代，依靠着一部手机，一台电脑，人们就可以有效借助媒体的力量宣传自我。在很多时候，人们会觉得广告和媒体宣传是企

业经常做的事，但在最近十年的时间里，自媒体迎来了发展的黄金期，大量的自媒体广告和宣传形式诞生，这是过去几十年时间里从未出现过的事情，自媒体的兴盛带来了高效的杠杆。

假设某人是非物质文化遗产继承人，他打算将自己的竹编手工艺技术传播给更多的人认识，并寻求知名度的提升和能力变现，那么他可以选择很多方法。首先可以让人们帮忙发传单，每发出100份传单，就可以获得多少报酬，这是典型的人力杠杆，这种杠杆的作用还是比较有限的，成本会越来越高，并不适合所有人。既然如此，人们可以选择更加高效的方式，比如可以在报纸上打广告，接受电视台的采访，出书，也可以在个人的朋友圈和微博上发送类似的消息进行宣传。这些都是制造流量或者借助平台流量的好方法，核心目的是适用平台（传媒）杠杆，来复制和扩大自己的影响力。如果想要寻求更加高效的杠杆，最好的方式就是借助短视频平台进行宣传，找到最快最好的自我复制方式。

利用人力杠杆，也许人们只能发出几百份传单，只有几百个人了解竹编工艺和相关的工艺品；利用报纸和电视台的影响力，也许会在地方上产生一定的传播效应，让几千人或者几万人了解竹编工艺，对自己的产品销售起到一定的作用。出书或许能够更好地提升影响力，打响个人的品牌，但工艺的传播力度和产品的销售力度未必会理想。发朋友圈和微博，会引起更多的共鸣，不过影响力仍旧有限，想要打响知名度有些难度。相比之下，传播性更强大，影响力更广泛的短视频平台可以有效承担起传播、复制的重任，在短时间内就将相关的内容传播出去，只要内容优质、精彩，就可以在短时间内收获巨大的流量，被几十万、几百万甚至几千万人所熟知。

借助平台来撬动杠杆，一直都是一个非常有效的致富方式，相比于其他杠杆模式，平台上的传媒杠杆是典型的复制边际成本为零的方式，人们只需要想办法创作相关的内容，然后放到平台和媒体上进行传播，它就可以通过反复的宣传实现持久的传播，而且相应的内容基本上不会产生更多的成本。比如很多人会在微信自媒体公众号上打广告，推销自己的产品，随着公众号广告的发送，任何刷到相关文章或者关注公众号的人都可以看到这些宣传广告，而且这些广告是不会产生额外的成本的，读者只要进入公众号，就可以看到这些广告。

短视频也是如此，当人们在短视频上搞直播销售的时候，吸引30个人进入直播间，与吸引30000人进入直播间的成本是差不多的，人们可以源源不断地进入直播间，复制和拓展的规模可以在短时间内增长数倍，下单的人数可以呈现几何式增长，但成本消耗却不会因此而增加。

正因为如此，人们在选择提升自己的影响力或者宣传自己的事业和产品时，要注意打造一个好的平台，要运用媒体的力量拓展规模。人们可以选择最适合自己的平台，销售产品的可以选择短视频直播，文学创作的可以选择出书或者开通公众号，想要成为明星，可以借助电视节目来宣传自己。有不同的人，不同的需求，可以选择不同的平台，关键是要确保自己价值和利益的最大化。

找到了一个好的平台，意味着自己可以更好地推动杠杆发挥复制的作用，但并不是所有人在找到一个好平台之后，都可以实现内容的快速复制和分享，都可以创造巨大的流量并实现流量变现和价值变现。想要利用好平台和媒体，还需要把握一些基本的使用准则。

第一，在寻求一个好的平台时，最好打造优质的原创性内容

因为在信息时代，内容的差异化正在缩小，经营模式、传播模式、内容呈现都在相互复制，这样就造成了大部分内容都缺乏亮点，无疑会影响杠杆作用的发挥。最好的方式就是坚持原创，保证内容制作的精良，从而有效抓住读者和观众的注意。事实上，即便是直播卖货，也要注重内容的优质化呈现和表达，只有那些专注原创的人，才能够真正收获粉丝和流量，创造巨大的杠杆效应。

第二，要懂得输出正确的价值观

价值观是一个人形象、思想的呈现，也是外界评判个人的一个基本标准，只有输出更多正确的价值观，才能够真正赢得外界的认同，获得更多的流量关注。如果一个人只注重个体力量的展示，只想着如何通过流量变现，只看重个人财富的增长，而忽视了对正确价值观的输出，那么很有可能会产生负面的影响，对个人品牌和事业造成严重的冲击。一般来说，人们需要确保自己的所作所为符合主流价值观，确保自己能够不断输出积极的、正面的、向上的能量。

第三，选择一个合法合规的平台

只有合法合规的平台才能更好地承担起传播、复制的重任，也

只有这些平台能够获得大众的认同，虽然一些不合规的平台和媒体也具备一定的流量，但是这类平台本身存在的缺陷会严重破坏个人的形象，会对个人的事业发展产生严重的阻碍，如果想要寻求一个高质量、高效率的平台，那么一定要注意它是否合法合规，是否会给自己带来不良的影响。

　　总的来说，人们需要合理利用平台上的杠杆，确保在合理合规的前提下，尽可能完美地展示自己的形象，输出并复制自己的能量，以正确的方式输出正确的价值。

» 认识更优秀的人，获取优质资源

法国著名的观光饭店管理人才罗伯·胡雅特，在年轻的时候，就被母亲送去学习观光饭店管理，凭借着踏实肯干的态度以及积极向上的学习姿态，胡雅特先后获得了前往英国、德国实习的资格，他都很好地把握住了机会。正因为如此，公司的经理直接委派他前往美国进行考察。

到达美国之后，胡雅特特地找上了美国华尔道夫大饭店的总裁柏墨尔，作为观光领域内的大咖，柏墨尔有权有势，事业有成，在行业内拥有很大的话语权，因此胡雅特在见到对方之后，希望对方可以给自己一个实习的机会。柏墨尔知道胡雅特在法国做得不错，还是柯丽珑的副经理，于是就同意让他到大饭店里实习。几天之后，柏墨尔到大饭店的餐厅部视察，刚好见到胡雅特趴在地上擦地板，觉得不可思议，一个饭店的副经理怎么来这里干这种粗活累活。

他正想上前询问，胡雅特站起身，非常谦卑地说："我想亲自体验一下，美国观光饭店的地板有什么不同。"

柏墨尔于是非常好奇地问："你以前也擦过地板吗？"

"我擦过英国的、德国的、法国的，我想尝试一下擦美国地板是什么滋味。"

柏墨尔被这个务实且谦卑的年轻人打动了，于是将对方叫到自己办公室，从这一刻开始，两个人的关系更进一步，于是胡雅特趁机向柏墨尔请教，了解美国观光饭店的相关情况和发展现状，柏墨尔还不断向他传授经营管理方面的知识，甚至带着他出席各种重要的聚会，认识行业内的精英，这为胡雅特的发展积累了丰富的资源。借助柏墨尔这个跳板，胡雅特顺利进军美国的观光市场，并开始利用身边的资源不断扩大影响力，事业越做越大，最终成为掌控64家观光大饭店的总裁。

胡雅特的成功在于他认识了柏墨尔，并成功利用这个点，撬动了美国观光市场和个人的财富杠杆，可以说，他的成功离不开自己出色的社交能力以及对优质人脉的把握能力。在谈到个人的发展时，人力资源不可或缺，可以说谁能够认识更多优秀的人，谁就可以掌握更多的资源和发展机会，因为优质人脉本身就是最好的人力杠杆。

通常情况下，一个人的能力非常有限，资源也非常有限，无法把握住更好的发展机会，而当他认识一位高圈层的优秀人士时，就可以通过对方来获取更好的技术，结识对方社交圈里的高端人才，借用对方所拥有的丰富资源，还可以推动自身影响力的快速传播。

很明显，那些更优秀的人，可以发挥出强大的杠杆作用，确保个人的能力、资源、影响力快速提升和拓展。

比如，一个普通的商家每天只能通过线下营销渠道出售自己的农产品，如果能够认识一位更加专业的营销者，那么就可以获取对方的营销知识，构建一个线上与线下相配合、产品包装出售与现场采摘相结合的立体营销模式，导致销量提升数倍。不仅如此，依靠对方的指导，还可以进一步推动产业的升级，打造一个生态农庄。商家还可以结交一个优秀的主播，通过主播的能力和资源，在短视频平台上开辟直播间，让主播帮忙销售产品，这个时候，产品销量可以实现数倍乃至几十倍的扩展，个人影响力和产品的品牌实现完美复制。

从社会资源的分配结构来看，大约80%的资源都被集中在约20%的人手里，这少数的20%，掌握了最多的信息，最好的资源，最强大的社会关系，最高效的运作机构，最优质的项目，只要认识更多优秀的人，就可以顺利享用那些优质资源。一般来说，结交更加优秀的人，可以构建一个更加可靠、更加高效的杠杆，其影响力包括个人能力的提升、个人影响力的拓展、复制和提升、个人资源的复制和提升，借助对方的力量，人们可以寻找到更加快捷、更加高效的致富方法，可以更快地实现财富的复制。

不过，想要结交比自己更加优秀的人，获取更加优质的资源，不能仅仅依靠运气，人们还需要找到更合理的方法。

比如，不断提升自我，将自己的价值拔高到更高的层次上，只有个人价值得到了提升，才能赢得更多人的关注，才能去认识更多优秀的人。因此，人们在试图撬动优质人脉这个杠杆时，应该先注重自我学习，注重经验的积累，强化自己的核心能力与核心价值，确保自己可以获取撬动杠杆的力量。

人们需要掌握合理高效的社交方法，赢得优秀人士的关注和认同。一般来说，人们可以主动去了解对方的基本信息，看看对方的性格与品德、兴趣爱好、经营的事业、基本需求、沟通经验等，然后找到合适的机会与对方接触，通过请教、提问、倾听等方式，建立社交连接。

还有一点需要注意，想要认识自己更加优秀的人，人们需要保持更大的自信，需要培养自己的意志力和耐心，不要急于求成，也不要因为地位和社会层次上的差距，而感到心灰意冷，甚至自惭形秽。总的来说，人们需要保证良好的社交状态，避免在气场上进行自我抹杀。

不过，认识更加优秀的人，一般都要注重契合度，简单来说，就是对方的能力和资源是自己所需要的，对于那些和自己契合度不高的人，人们没有必要刻意去建立社交连接，因为社交本身也是需要支付大量成本的，当人们在社交中无法获取自己期待的价值时，最好的方法就是从一开始就尽可能远离，以免浪费时间和精力。

» 主动让利，赢得更多的盈利机会

在谈到人力杠杆的时候，很多人所想的往往是雇佣他人为自己工作，但很多时候，雇佣的效果不如合作，相比单纯的雇佣关系，合作反而更能够凸显出利益捆绑的优势，也更能够凸显出价值互补和能力互补的优势。对于很多人来说，发展合作关系往往可以更好地拉近彼此之间的距离，不过任何一种合作关系最终都是要建立在利益共享和分配的基础上的，想要构建一个牢固的合作关系，想要确保彼此之间的合作关系更加持久，就要在利益分配上做到位。

假设某人准备出售一批货物，如果自己独自进货和销售，一个月只能卖出20件产品，扣除进货成本10000元（成本价500元），可以获利8000元（单价900元）；他可以选择借助人力杠杆来提升销量。

第一种模式：他直接雇佣3个人帮自己卖货，先约定每天给予对方100元的固定薪资，可是这3个人每天只拿钱不干活，产品基本上都卖不出去。于是他只好更改方案，约定每卖出一件产品，给予

100元的提成，即便按照自己过去一个月卖出20件产品的水平，这些人可以顺利挣到3000元的月薪。可实际上由于产品的提成并不高，这些人的兴趣不大，很快就选择离开。

第二种模式：他找到了3个经销商，将产品以650元（原价500元）的价格交给经销商，让他们自己出货，结果经销商依靠自己强大的营销渠道，平均每人每个月都可以出售60件产品。他每个月可以卖给经销商180件产品，每个产品的利润为150元，因此每个月的纯收益为27000元，而每个经销商都可以获得60×（900−650）=15000元。

很显然，第二种模式更加成功，通过寻找合作伙伴，然后进行适当的让利，可以有效推动销量的增长，充分发挥人力杠杆的作用和价值。在这个过程中，让利是一个非常重要的手段和策略，因为在社会关系中，利益往往是维持人际关系的基础，人与人之间常常有利益上的诉求和需求，如果双方可以相互满足利益诉求，主动让利，彼此之间的关系会变得更加亲密和稳定。

事实上，许多人在追求财富的过程中，常常会选择"自己优先满足"的策略，在寻求致富方法的时候，会强调对个人利益的满足，忽视对他人利益的尊重。在他们看来，整个市场上的蛋糕是固定的，如果让别人享受了更多的利益，那么自己获取的利益就更少。反过来说，如果自己获得的利益更多，就可以压缩他人的收益。这是一种典型的零和博弈思维，它强调一方利益的获取是以另一方利益的损失的前提的，一方获得的收益与另一方的损失相加刚好等于零。按照这种思维，行业或者项目的整个收益是固定的，人们最重要的就是想办法多获取利益，避免被人抢先。

事实上，在现实生活中，人们所认为的"蛋糕是固定"的想法是错误的，一个项目或者一个市场是具备不断做大做强的能力的，所有市场中的参与者需要用正和博弈思维来看待自己的发展，即在发展自己的同时，也可以推动他人的发展，在获取自己所期待的利益时，帮助对方获取所期待的利益，前提是合作。像上面的案例中，销售人让利给经销商，结果将原本的市场越做越大，原本8000元的盈利也扩展到了27000元，市场销量更是从20件产品拓展到了180件。很显然，通过让利，他有效撬动了杠杆，创造了更大的财富。

其实，让利不仅仅是单纯的对他人利益的满足，更多的还体现了一种合作的决心和态度，可以说善于让利的人在处理人际关系方面具有很强的引导性和说服力，他们能够维护合作者的利益，可以站在他人的立场上考虑问题，他们是非常理想的合作伙伴，也值得人们为之付出更多。不仅如此，构建良好的社交关系之后，人们还可以从对方那里获取更多的优质资源。因此，从单纯的社交关系来说，让利本身会赢得更多的好感，这是构建人力杠杆的重要基础。

不过想要通过让利来打造更高效的人力杠杆，那么一定要注意以下几点：

第一，寻找一个能力互补的合作者

这样就可以实现价值的放大，确保对方可以推动自己更好地成长和发展。如果找一个相互削弱、相互消耗的合作者，那么让利只会让自己出现更大的亏损，离自己的财富目标越来越远。

第二，选择一个更合理的利益分配机制

让利并不是简单地将利益让给对方，具体应该怎样去让利，让利多少，都需要经过合理的计算，确保双方都能够获得利益上的满足。让利太少会影响合作关系，让利太多又会导致自己失去财富增值的机会，必须进行合理的计算和评估。

第三，不要主动将让利当成谈判的条件，或者将其和其他的利益诉求捆绑在一起

这种做法往往会表现得太过功利，往往会引起他人的反感，这对个人的事业发展与合作关系的建立会产生负面影响。

第四，建立合作思维和让利思维

要坚信市场可以越做越大，坚信竞争对手之间也可以实现合作共赢。与此同时，要有大局观，要意识到任何一个行业中都不应该存在"吃独食"的情况，因为行业想要健康发展下去，就要相互合作，相互配合，共同将市场做大。人们还要拥有战略目光，不能只关注眼前的利益，必要的时候，需要牺牲当前的利益，为长远的发展奠定基础。

» **打造一支高效的团队**

在财富获取的过程中，合作是一种非常高效的方式，通过合作，人们往往可以有效借助他人的力量实现个人价值和财富的倍增。而人们想要提升对人力杠杆的利用效率，最直接的方式就是打造一支高效的队伍，而不是选择自己单干，想着如何独享蛋糕。

众所周知，团队想要正常运转，需要安排不同角色的成员，或者说，整个团队本身就应该由不同角色的人组成，因为不同的人具有不同的价值，具有不同的能力和特点，只要选择了合适的人，然后每个人都可以各司其职，能够实现能力互补，解决自己无法解决的各类问题，并形成一个强大的作战团队。团队往往具有双重杠杆属性，第一个是平台属性，人们可以通过团队的平台来放大自己的影响力；第二个就是管理属性，借助管理杠杆，人们的价值会在互补的状态中发挥最大作用，很多人的优点会放大数倍，个人的创收能力也会得到几何式的提升。

那么一个团队中究竟应该具备多少种角色呢？或者说团队内部

的角色设置是否拥有什么标准，对此，不同的人往往有不同的说法。

剑桥产业培训研究部前主任梅雷迪恩·贝尔宾博士在同事的帮助下一同创建了一套经典的团队角色理论，这是目前世界上最受重视的团队角色理论，该理论认为一个标准团队应该分为9种角色：

第一种角色是智多星，智多星是一个团队内智慧的代表，他们通常拥有比较强大的创造力，是引领内部创新和发明的代表人物，并且会为团队的发展积极出谋划策。他们想象力丰富，拥有一些超前的想法和比较激进的个性，不喜欢接受批评。

第二种是外交家，外交家往往比较热情、外向，他们更像是天生的社交者，在人际交往、商业谈判、资源调动等方面具有很大的优势。不仅如此，他们经常能够发现各种发展的机遇。外交家通常是团队业务发展的谈判者，不过他们的缺点也比较明显，那就是需要接受更多的，甚至是源源不断的奖励，否则会降低工作热情。

第三种角色是审议员，审议员一般比较理性和严肃，他们在面对问题时往往显得更加沉着冷静，是非常理智的执行者。在日常工作中，他们会严格进行把关和审核，以批判性思维来应对内部的工作，因此他们往往不太容易犯错，是整个团队避免出现大错误的重要保障。

第四种角色是协调者，协调者最大的优势就是协调能力和凝聚力，考虑到任何一个团队中的成员都来自不同的社会阶层，拥有不同的性格和思维，而且具有不同的想法和能力，而协调者的主要工作就是将不同类型的人整合在一起，确保所有人都按照同样一个方向、同样一个目标努力。这些人身上总是散发着温和、宽容、睿智、自信、沉稳、有远见的特质，他们同样在社交上具有很强的表现力和影响力。

第五种角色是鞭策者，他们是一群精力充沛且渴望获得成功的人。通常具有强大的驱动力，竞争意识强烈且富有挑战精神，而且对于胜利结果非常看重。他们具有天生的领袖气质，喜欢领导并激励他人及时采取行动。这一类人的执行意识很强，并且在困难面前不会轻易退缩，他们能够想办法解决任何遇到的困难，但失败有时候的确会让他们的情绪产生很大的波动。

第六种角色是凝聚者，凝聚者是人际关系的中的感温器，他们能够敏锐地感知人际关系中存在的一些问题和环境中的细微变化，他们非常善于倾听，也具有良好的环境适应能力，不仅如此，这类人性格非常温和，是非常好的社交对象和倾听者。尽管他们在社会生活中具有一定的迎合性，但是在应对危机方面还是欠缺一些能力和勇气，遇事更容易出现优柔寡断的情况。

第七种角色是执行者，执行者的座右铭就是"接受指令，努力工作"，他们会在工作中表现出强烈的自控能力和纪律意识，也常常在工作中表现得最努力和忠诚，尽管这些人有明确的个人目标，但是始终保持"集体利益为先"的原则，知道自己什么可以做，什么不能做，什么需要先做，什么可以适当延后。作为绝对服从指令的人，他们会将上级命令看得比任何事情都要重要，而且不会轻易产生质疑，也正是因为如此，他们有着良好的执行意识，却没有出色的判断能力，在整个工作中也缺乏灵活性和弹性，对工作效率和人际关系都会产生一定的影响。

第八种角色是完成者，完成者同样具有良好的执行意识，而且往往可以在脱离激励措施的前提下主动将工作做好。在很多时候，他们都是工作认真负责的代言人，是细心谨慎的典型代表，他们一般更倾向于单打独斗，要么就和那些认真努力的人一起工作。不过，他们在很多时候所表现出来的自信并不是真实的，他们常常受到焦虑情绪的控制和推动，但总体上来说，还是对自己有一个比较清醒的认知，在一些超出能力界限之外的事情上，他们懂得及时放弃。

第九种角色是专业师，专业师是专业的代名词，具有过硬的专业知识和专业技能，他们专注于这些领域，并且有很大可能会获得成功。但过分专注某一领域或者行业，会限制他们的视野和知识量，缩小他们的生存空间。

按照梅雷迪恩·贝尔宾的说法，这九种角色是一个完整团队中不可或缺的，他们构成了团队的基本运作模式和发展模式，这些角色的设立实际上从团队的发展和内部关系构造等多个方面进行了总结，是团队获得发展的重要保障。

对于那些想要打造团队的人而言，可以选择类似的团队组建风格，先挑选合适的队员，然后安排这些不同类型的员工组成大大小小的团队。在这个团队内，人们可以找准自己的定位，而创建者则可以通过打造内部成员能力、性格、思维的互补机制，以此来放大他们的能力输出，从而将人力杠杆的价值进一步放大。

» 逆向思考，摆脱大众化思维

在谈到杠杆的作用时，很多人忽略了一点，杠杆本身只是一种工具，想要让它发挥价值，关键还是要看使用它的人，看看对方是否将其用在了正确的方向上，是否拥有正确的投资模式和思维。正确的投资加上杠杆，无疑会快速积累财富，但一个不合理的投资项目，如果使用杠杆，那么就只能增加亏损。

比如世界知名价值投资者霍华德·马克斯在20世纪90年代成功预测了美股市场科技股泡沫的破裂，为了同更多的人分享自己的投资心得，他直接将自己多年来的投资心得整理成了备忘录，结果这个备忘录一经面世就引发了轰动，并且成为华尔街必读文件。霍华德趁热打铁，推出了《投资最重要的事》这本书，同样引发了一股购书热，对于那些习惯了使用杠杆发家致富的人来说，这本书成了一个很好的导引。就连大名鼎鼎的沃伦·巴菲特也入手一册，他对于霍华德的投资理念推崇备至，并且还建议更多的人向他学习，在媒体面前，沃伦·巴菲特难掩兴奋："我第一时间打开并阅读的邮件就是霍华德·马克斯的备忘录。我总能从中学到东西。他的书籍更是如此。"

那么为什么霍华德的投资理念会引发大家的追捧呢？为什么巴菲特这样咖位的投资大师，也对他赞赏有加呢？其实，霍华德的投资理念在《投资最重要的事》中说得非常明显，最核心的一点就是逆向思维。巴菲特在告诫投资者时，说过这样一句话："当别人贪婪的时候我恐惧，当别人恐惧的时候我贪婪。"这和霍华德的逆向思维是同一个意思。

霍华德·马克斯曾经对投资者进行分析，他发现普通投资者大都处于第一层思维上，这些投资者是市场的盲从者，他们对于主流投资想法和决策深信不疑，喜欢投资那些大家都看好的股票，喜欢投资多数人都在追购的股票。他们是资本游戏中的跟随者和盲从者，缺乏理性思维，常常无法正确地挖掘商机，也无法及时躲避风险，因此这类投资者的大多数都会遭遇严重的亏损。

而优秀的投资者则位于第二思维层次上，他们会认真观察形势，保持理性分析和逆向思考的习惯，假设一只股票被多数人追捧和购买，那么他们多半会放弃和远离，因为继续购买的风险很大，投资者很容易在高位上被套牢。反而是那些看起来不被人看好的股票，他们愿意花更多时间去分析，寻找潜在的优质股，然后趁机抄底。拥有第二层思维的投资者拥有出色的洞察力和强大的分析能力，他们善于逆向思考，反向操作，在其他人都不注意的地方挖掘机会，获取不菲的收益。

逆向思考是一个非常重要的思维模式，它的核心就是针对多数人认同的想法和理念，做出反向的操作。一般来说，人的思维可以分为正面思维和逆向思维，正向思维是沿着人们的习惯性思考路线去思考，而反向思维则是违背人们习惯性思考的路线，或者按照人们习惯性思考路线反向思考。事实上，客观世界的事物都存在正反两面性，事物的发展有正反两个方向，理解事物也有正反两个角度和路线，有时候按照正面路线去思考，无法找到解决问题的方法，或者无法找到优化方案，其实可以尝试着从反面路线去寻求更优的答案。

逆向思维或者逆向思考本质上是一种思维创新，可以摆脱常规思维的桎梏和局限性，而这种思维创新是建立在对事物更深层的分析和理解基础上的。对于那些善于逆向思考的人来说，他们会选择去大众化，比如他们会认为大家都在选择的东西，往往存在投资的风险，因为选择的人越多，收益越容易被均分，当进入的人越多时，边际效益会快速下降。当市场饱和的时候，就会从高位上往下跌，那些疯狂进入的人就会被套牢。反过来说，在大家都不看好的项目上，可能存在一些被遗漏的优质项目，由于遭受市场的冷遇，这些项目的投资成本会很低，但潜在的收益却很惊人，此时只要选择了优质项目，就可以以最小的成本获取最高额的收益。

2006年，美国地产一片火热，但华尔街投资人约翰·保尔森却选择做空债务抵押债券，此举曾让很多投资人直呼他是个外行，可是随着2007年美国爆发严重的次贷危机，很多投资地产的人都亏得血本无归，约翰·保尔森却选择筹集资金逆势而上，一举获利37亿美元，在华尔街一战成名。约翰·保尔森的反向操作实际上是建立在他对房产借贷风险的评估上，很多人只看到了表面的繁荣，然后继续进入地产行业，而他却早早预料到了危机的到来，于是提前做了部署，通过反向操作赢得了大量的盈利机会。

又比如，某地的纺织产品畅销全国，结果不久之后，大量的商家都进入纺织产业，很多老商户也纷纷动用杠杆，加码扩大生产，而第一批商户则选择退出，很多人都对此表示不理解，为什么这些商户此前已经获得了成功，现在却在大好形势下要选择退出市场。可是半年之后，由于纺织市场出现了严重的产品过剩现象，本地的纺织业遭遇了寒冬，纺织品的价格和利润一降再降，不少企业不得不亏本出售。这个时候，人们就会发现那些提前退出市场的商家多么明智，而这种明智实际上也是一种反向思维的结果。

由此可见，一个人想要积累更多的财富，那么一定要有强大的观察能力和分析能力，能够一眼看到行业中存在的问题，能够分析出事物的发展规律，如果正面思维或者正面操作存在漏洞，他们就会反向操作和逆向思考，寻求新的商机，或者找出潜在的风险。

需要注意的是，逆向思维能力还包括反向的推理，比如很多人会按照因果关系进行推理，从事情的已知条件开始推理可能出现的结果，而逆向思维者则反其道而行，从可能出现的结果出发，往前进行逆向推理，看看能不能得出和已知条件相符合的起因。比如在投资的时候，很多人会依据现有的资源和信息推测可能出现的结果，而逆向思维者会根据预期的结果反向推测投资所需要的相关条件，如果推理出来的条件是自己没法满足的，那么这笔投资就没有意义。通过这种思维模式，人们可以有效地了解自己需要做什么以及应该怎样去做。

　　总的来说，人们需要合理运用杠杆，为了确保杠杆的安全性与高效性，就需要通过逆向思维来解决问题。

7

Chapter

塑造良好的品格，提升自己的财运

» 提升意志力，正面迎接挫折

在谈论如何致富的时候，人们常常会强调技能、技巧、眼光和策略，却很少有人关注精神力量，实际上很多时候，有能力不一定就可以将其转化成为财富，个人的核心价值只是一个基本保障，杠杆虽然有放大价值规模的功效，但个人的核心价值往往与精神力量有关，没有强大的精神力量，个人的成长很难获得突破，个人的价值提升也会非常有限。除了核心价值之外，杠杆虽然非常重要，但在财富积累中所扮演的角色以及发挥的作用，很多时候也离不开精神力量的支撑，精神力量薄弱的人根本没有勇气使用杠杆。此外，想要实现财富倍增，往往需要借助时间的复利，而更长的时间往往意味着更强大的抗逆力和意志力。

这种精神力量有很多形式，而意志力是最常见的一种，心理学家弗洛伊德曾提出一个观点，他认为一个人克制某种冲动时需要耗费大量的能量，而此举会导致自己没有多余的能量做其他事情。之后人们提出了意志力的观点，即一个人自觉明确行为目的，并根据这个目的来支配、调节自己的行动。整个行动过程中，人们需要克服种种困难，实现自己的目标。

在谈到意志力的时候，不得不提一个著名的理论：马与骑手。这是著名心理学家弗洛伊德提出来的，其中马代表了感性，包含人类的冲动和激情，它具有原始的行为模式，富有激情，但有时候会显得很鲁莽。作为人类最原始欲望的释放机制，马并不喜欢委曲求全，基本上想到什么就做什么，尤其是当人们遇到困难时，马的第一反应就是妥协、逃跑、放弃。骑手则代表了理性，它会提醒人们什么应该做，什么不能做，并制订合理的规划，确保所有的项目都能够按照计划和规律去执行。

马与骑手之间存在一种"双议程困境"，即外在目标和内在目标的冲突，马热衷于自我享受，它的内在目标是满足自己享乐至上的愿望，骑手则热衷于实现外在的目标，即自己计划中的工作目标，两者之间相互斗争，争夺控制权。

怎么理解这个理论呢？举一个最简单的例子：

假设有三个人投资了一个项目，项目发展势头很好，潜力很大。第一个投资人在项目盈利之后，就开始耽于享受，很快就将项目股份转手卖掉，这个时候，他就失去了借助复利实现财富大增的机会。

第二个投资人在盈利后，期待着可以获得更多，结果项目遭遇了一些波折，他担心自己会遭遇更多的亏损，于是产生了逃避心理，将手里的股份转让出去。

　　第三个投资者非常看好项目的发展，一直理性地看待发展过程中的波动，并没有急于出售股份，而是选择长期持有股份，结果依靠着复利的巨大累积效应，他的个人财富在十年内翻了几十倍。

　　对于前两个人而言，他们的意志力就很薄弱，马的表现更加强势，压制了骑手。而第三个投资者则非常理性，骑手有效压制了马的冲动行为。正因为如此，人们需要培养和强化自己的意志力，它是支撑人们变得更加出色，变得更具战略耐性的关键。

　　那么具体应该怎样去做呢？

　　意志力的运用往往可以分为四大类，第一大类是控制思维，简单来说，就是摒弃外界的干扰，保持专注度，尤其是当个人的动机、目标、方法都非常明确时，一定要保持思维的专注。比如某人准备做某项投资时，可以不断强调这件事对自己的未来发展很有帮助，而且会给周边人带来积极的影响，让自己相信做这件事很有意义，能够带来理想的回报，这就是典型的控制思维，它可以帮助人们保持专注度和热情。

　　第二大类是控制情绪，即负责控制和调节自己的情绪，控制情绪主要与工作压力有关，当人们遭遇工作挫折或者失利时，有时候会产生一些消极的情绪，甚至打算放弃。相比于想法的控制和改变，人们对于自身情绪的控制可能并没有想象中的那么出色，人们无法控制自己什么时候应该悲伤，什么时候应该保持愉悦。但人们可以运用一些技巧和方法调节情绪，摆脱负面情绪的影响，诸如运动、阅读、听音乐，也可以做自己感兴趣的事情，以此来缓解负面情绪，确保自己在致富的道路上能够保持理性。

第三大类是控制冲动，这与控制情绪有点相似，控制冲动是一个最基本的功能，帮助人们抵制各种诱惑，包括名利、美色、美食、华服、奢侈品、悠闲的生活，它侧重于控制好人们面对诱惑时的反应，而不是冲动行为。意志力强的人可以有效控制好自己的冲动反应，避免因为诱惑而打乱自己的致富计划。正因为如此，人们平时可以想办法抑制自己的冲动，比如见到好吃的东西，说服自己等一会再吃，遇到好玩的网络游戏时，需要抑制自己的冲动，让自己在完成工作后再去玩游戏，通过类似的磨炼，可以慢慢强化自己的意志力，保证自己可以将大部分的精力投放在工作当中。

第四大类是控制个人的表现和绩效，它一般与前面三大类控制息息相关，人们将个人的能量集中用于当前任务，确保自己可以表现得更加投入，并做好思维、情绪、冲动的控制，以便拿出更好的工作表现。意志力强的人会努力督促自己拿出更好的表现，确保自己的工作效率和效用。在日常的工作中，人们可以给自己设定一个绩效标准或者目标，以目标来约束自己的行为，维持自己的工作状态，强化个人的专注度和坚持下去的毅力。

除了以上几种方法之外，人们还需要积极锻炼身体，养成合理的作息习惯，需要进行健康饮食，确保自己的健康，毕竟只有拥有强健的体魄，才能更持久地维持强大的能量输出。

» 保持专注，投入自己的热情

有一次，股神沃伦·巴菲特和微软创始人比尔·盖茨一同共进晚餐，席间，巴菲特的父亲突然问了一个问题：人的一生中最重要的东西是什么？结果巴菲特和盖茨不约而同地给了相同的答案：专注。之后两个人一起分享了自己的创业历程，其中专注成为两个人谈论最多的话题，也是两个人相互分享的最核心理念。

在谈到个人的成功时，专注是一个非常重要的因素，几乎每一个成功获取财富的人，都会强调专注的重要性，因为专注的人才会更加懂得付出和努力，才更加懂得去挖掘机会，更加懂得如何将一件事情做好。无论是沃伦·巴菲特、比尔·盖茨，还是埃隆·马斯克、杰夫·贝索斯、雷军、马克·扎克伯格，他们都是非常专注的人，可以说他们所创造的商业帝国和惊人的个人财富，都是建立在专注力的基础上的，如果没有异于常人的专注，没有在工作中的付出，他们很难脱颖而出。

对于成功者或者那些富翁，人们在总结他们的成功经验时，常常会谈到个人的天赋，谈到惊人的创造力，谈到敏锐的商业嗅觉，却经常忽略个人的品性，其实，相比于个人技能的提升和方法的掌握，实现财富增长更需要强大的内在支持，而专注力就是其中最重要的选项之一，只有强大的专注力才能支撑起个人核心能力的价值，才能推动杠杆力量的集中发挥和持续释放。

那么人们究竟应该如何来保证专注呢？

第一，坚持简化的原则

不要盲目求多，只要选择一个自己最擅长或者最看好的项目去经营就可以了，只要专注于那些简单的功能就行，删除不必要的东西，集中精力和能量把一件事做到极致。

1997年，苹果公司濒临破产，董事会只能请回史蒂夫·乔布斯。回到苹果后，乔布斯就开始进行大刀阔斧的改革，砍掉了70%的产品，他对于苹果公司丰富多样的产品线非常不满，认为这会分散公司的专注度。几周后，乔布斯再次召开会议，他在白板上画了一根横线和一根竖线，画了一个方形四格图，分别写上"消费级""专业级""台式""便携"四个词汇，然后明确只做四个产品。不久之后，获得董事会授权的乔布斯，开始专注于研发Power Macintosh G3、Powerbook G3、iMac、iBook四款产品。结果1998年，苹果就从一家年度亏损10.4亿美金的糟糕公司，变成了年度赢利为3.09亿美金的市场新贵。

第二，做好时间管理

集中精力和时间做事，不要被其他事情分散注意力。但凡成功者都懂得时间管理的价值，他们不会轻易在工作中浪费时间做其他事，不允许其他不相干的事情干扰自己的工作状态。相比于混乱随意的状态，他们更加懂得如何更高效地利用时间，并且懂得将精力集中在那些最重要的事情上。

胡润研究院曾经发布过《中国千万富豪品牌倾向报告》，里面记录了一份富人的作息时间调研报告，调研人员对超过500位身家千万以上的富豪进行追踪，发现这些富豪在工作日内的睡眠时间平均只有6.6个小时，而其中还有30%左右的亿万级富豪，休息时间甚至不足6个小时。

相比之下，"微信之父"张小龙非常喜欢睡懒觉，在他看来睡眠是上帝馈赠给人类的礼物，人们没有理由拒绝和浪费掉，事实上，只要一有时间，他就会安心在家睡懒觉，有时候公司会安排一些无关紧要的例会，他基本上都以"起不来"为由拒绝出席，在家睡懒觉。虽然喜欢睡懒觉，但并不影响张小龙的工作效率，他在工作时不喜欢被人打扰，而且几乎将全部的工作时间投入到微信当中，其他不相干的事情，他根本不关心，也毫不在意。正是因为如此，他才能够将微信做得如此出色，并将自己推向了互联网的神坛。

第三，对目标的坚持

不会因为遇到了挫折和困难就轻易选择更改目标，不会因为面对外来的诱惑就随意改变目标。很多人经常会因为挫折或者诱惑而随意改变目标，这种频繁改弦更张的行为会严重分散个人的注意力，并造成资源的浪费，而且会影响目标的实现。比如很多投资者在制订目标后，可能会依靠复利来获取更多的收益，但半途改变目标的行为就会导致复利中断，甚至常常会因为频繁改变目标而变得一事无成。

海尔公司总裁张瑞敏，从1984年开始出任青岛电冰箱总厂厂长，和其他公司的厂长不同的是，他一直意志坚定地要将企业打造成为一个名牌厂商，并且确立了"名牌战略"思想。而在之后的二三十年的时间里，他一直坚持这个目标，把握时代发展的机遇，大胆进行改革，推动内部的技术创新。期间，海尔集团遭遇了很大的危机和阻力，但是张瑞敏一直没有放弃这个目标，始终坚持打响海尔公司的品牌，将其推向国内市场和国际市场。

正是因为始终专注发展目标，张瑞敏将海尔集团从一家亏空147万元的集体小厂，发展成为2003年全球营业额突破800亿元的中国第一品牌，海尔集团不仅成为中国市场上的名牌，更成为世界家电品牌里的明星。

总的来说，专注是人们积累财富的一个重要保障，对于多数人来说，如果没有足够专注的工作态度，个人的事业心、上进心和工作效率都会打折，可以说，专注度本身对于核心价值的提升，对于致富方法的使用都会产生更大的影响。

» 诚信经营，才能把事业做大做强

　　美国有一家私人银行，不幸发生了一场火灾，当大火开始肆虐的时候，银行家并没有让人去抢救银行内的现金，而是让人先抢救出里面的储户账本。因为现金烧了可以再挣回来，但是储户的账本一旦被烧，那么就很难对账，这样会失信于储户，导致自己的名声受到影响。

　　当火灾被扑灭后，银行里的现金几乎被焚烧殆尽，但幸运的是储户的账本都被抢救出来。由于现金被烧，这家银行无法偿还储户的存款，于是只能选择破产。按道理，一家银行申请破产之后，不用再偿还储户的存款了，但这件私人银行的银行家没有这样做，他从破产之日开始就努力工作，将挣来的钱一笔笔还给储户。不仅如此，他还要求自己的子女必须这样做，不能放弃偿还存款。

　　正因为如此，银行家之后的四五代人都在努力还款，直到第五代，他们才彻底还清了拖欠储户的钱，而这个消息被媒体报道之后，这家银行的名声很快达到巅峰，很快就东山再起，成为美国最

具实力的私人银行之一。

诚信一直被视为生意场上的第一准则，主要原因就在于诚信往往会影响品牌力的塑造，会影响客户和消费者对相关公司的判断，一个人如果讲诚信，那么他局可以赢得更多人的认同和关注，这对他的事业发展会产生积极的促进作用，反过来说，一个不注重诚信的人，即便拥有好的项目，即便有好的致富方法，也无法实现个人财富的提升。

在现实生活中，很多人为了发家致富，喜欢走捷径，此时就可能会做一些违反道德和法律的事情，或者会选择做一些欺瞒消费者和客户的事情，通过一些不合理的欺诈行为来牟取暴利。最常见的缺斤少两，比如一个售卖海鲜的人，可能会将8两的海鲜产品标注为1斤出售；一个售卖牛肉的人，可能会往牛肉重大量注水，将其当成一般牛肉来出售。还有一种常见的情况就是虚标价格，将原价100元的衣服故意标注为200元，然后推出打折优惠的措施，以折扣价150元的价格售卖；又或者一些网店在折扣日之前，先把产品的价格抬高，然后等到了折扣日活动开始时，适当给予一定的优惠，但总的价格仍旧要比抬价之前高。这些都是典型的欺骗消费者行为，虽然经营者可以在短时间内获得更多的利润，但是从长远来看，由于欺骗了消费者，导致产品的形象和品牌的形象受到了很大的破坏，大家都不愿意去店里买东西，最终失去了大量的客户，生意反而会越做越小。

越是挣钱的项目，越是挣钱的方法，越是要讲究诚信经营、诚信待人，不过，很多时候人们很有可能会被更高的利益蒙蔽心眼，最常见的就是利用杠杆谋取利益的时候，又想办法违背承诺，减少支出。

比如在利用资本杠杆的时候，是否能够如期还钱，是否从一开始就具备还钱的能力，又是否愿意按照约定支付相应的利息？假设某人向5个朋友借了共300万元，分别约定了偿还利息和期限，可是由于经营管理不善，项目出现了亏损，他无法按照约定时间偿还本息，于是只好一直拖着不还钱。这种人明显存在诚信问题，首先，他到期拒不还款，选择拖延，这会导致日后没有人愿意借钱给他，而且由于个人的信用如此不堪，合作者也会远离他。其次，他在借钱之前，就没有认真思考过自己的项目是否真的挣钱，项目的风险有多大，自己是否真的有能力还款，由于没有认真做好准备，甚至根本没有想过这些问题，这明显就是对自己不负责，也是对他人不负责的态度，不良负债的产生已经证明了他是一个不可靠的人。

除了在资本杠杆方面容易违背诚信原则，很多人在借助人力杠杆时，也可能会犯下类似的错误，很多人在招聘人才、组建团队、雇佣他人时，并没有思考过自己是否有能力满足对方的利益诉求，是否随口做出过不切实际的承诺，是否想过要兑现那些承诺。假设一个创业者为了更好地推动事业的发展，选择雇佣10个销售员来公司里帮忙，并且约定只要每个月的营业额超过500万元的指标，就会拿出总利润的10%用于奖励，考虑到每个月的利润大约是总营业额的20%（100万元）左右，那么一个月的利润应该拿出10万元奖励这支营销团队，每个人可以分到1万元。可是当这10个人完成任务后，创业者却以发展需要资金为由，请求延后支付。到了年底，这个销售团队在12个月的时间里一共有9个月超过了500万元的销售指标，因此按照约定，除了基本的工资和奖金之外，应该额外支付每个人9万元。可是创业者却反悔了，以几个月来不断增加的成本为由，只愿意支付每人5万元，结果被10个雇员告上法庭，而且10个人决定单方面解除雇佣关系，离开了公司。

显而易见的是，很多人想着通过一些弄虚作假和违背承诺的事情来积累不义之财，但违背诚信的人往往会付出更大的代价，从长远发展来看，人们无法承受违背承诺和弄虚作假的代价，他们需要思考这些问题，反省自己的日常行为，并以此来警告自己不要做出违背诚信原则的事情。

除了经常反省和思考之外，人们可以在日常的经营、管理、投资过程中，强化自己的行为，确保自己能够兑现承诺，能够诚信经营。比如在培养诚信的时候，可以在备忘录或者记事本上记下自己要完成的事情，以及对他人做出的承诺。当人们记下这些事情的时候，就会反复在脑海中提醒自己去兑现诺言。而且通过记录，人们可以给自己设定一个自我观察机制和自我反馈机制，平时就能够认真审核自己的行为，看看自己的行为是否会违背诚信原则，是否会对最终兑现诺言产生不良的影响。

如果人们觉得自己缺乏自律，那么可以想办法安排一个值得信任的人充当监督者，及时提醒自己要诚实守信，并且赋予监督者一些惩罚的权限，当自己对他人做出承诺而没有兑现时，当自己为了眼前的利益而做出欺骗性的行为时，当自己向消费者和客户隐瞒真实情况的时候，监督者可以及时站出来进行指正，避免错误越来越大。

» **遇事坚决果断，不要瞻前顾后**

从古至今，做大事的人往往都有一个共同点，那就是遇事足够坚决果断，他们可以在短时间内做出决策：要么去做，要么不做。相比之下，很多人最大的问题在于遇事不决，平时有什么事情，不是考虑A条件，就是考虑B因素，不是担心这里会出问题，就是想着那里会不会失控，与此同时，他们又对潜在的收益念念不忘，结果造成了犹豫不决、过度挣扎的情况，最终白白错失机会。

在日常生活中，人们常常都会出现类似的心理，比如找工作的时候，对工作的薪资和福利都很满意，但是却担心自己晋升机会渺茫，担心离家太远，担心生活成本太高，担心自己无法适应快节奏的工作，由于担心的事情很多，他们往往会游移不定，不知道是不是要接受这份工作。有时候，当出现好几份看起来不错的工作时，内在的决策系统更是容易出现崩溃，在反复纠结中什么也选不好。

在投资时也是一样，有时候找到了一个心仪的项目，可是会对潜在的风险感到担忧，或者对项目盈利的持久性表示怀疑，又或者担心自己将会投入更大的成本，担心找不到好的合伙人，担心自己无法驾驭好这个项目。一系列的担忧和思考，可能会让他失去投资的最佳时机，毕竟机会从来不会等人。

其实，无论什么情况，当人们迟迟无法做出决策的时候，不仅容易贻误时机，还会产生严重的内耗，人们无法更加合理地推动自己的计划，反而会沦陷其中难以自拔，时间、精力会被消耗掉，而且还会面临精神上的压力，最终对其他方面的工作也产生消极影响。正因为如此，真正能够实现致富目标的人，真正可以把握发展机会的人，往往会注意培养自己的决策力，他们在锁定目标后往往会针对收益、风险、成本快速进行分析，尽早做出决定，他们不会在一件事情上优柔寡断，给自己制造麻烦。

在1972年，巴菲特和查理·芒格准备收购喜诗糖果，可是在谈判中，巴菲特和芒格认为这家糖果公司的报价太高了，两个人的兴趣并不高，在谈判之后，巴菲特和芒格对内发表了讲话，如果对方在谈判中在自己报价的基础上提高10万美元，那么伯克希尔·哈撒韦公司将会放弃这一次的收购行为。但事实上，两个人对这家公司还是有点舍不得，他们只是纠结于要不要花这么多钱去收购，因此一直都没有下定决心。

当第二次谈判即将展开时，芒格的好友艾拉·马歇尔找到了巴菲特，她毫不留情地批评了芒格和巴菲特的压价行为，她认为喜诗糖果是一家非常优秀的公司，拥有巨大的价值，当前的价格看起来比较高，但是相对内在的价值来说，其实已经很低了，如今伯克希尔·哈撒韦公司却还在纠结于那一点微利，实在太不应该。巴菲特和芒格听完之后如梦初醒，于是果断以2500万美元的价格收购了喜诗糖果，而事实也证明了艾拉的预测，这笔收购最终给伯克希尔·哈撒韦带来数十亿美元的回报。

很显然，人们总是期待着能够以最小的成本，以最小的风险，来获取最大的收益，因此会千方百计进行计算和思考，但在现实操作中，总会存在各种因素，影响人们的判断和决策。因此，人们需要培养更加坚定的意念，养成果断做出决策的习惯。

第一，要意识到这个世界没有所谓的完美方案，也没有所谓的完美操作，任何一个挣钱的方案和方法，都具有一些先天的缺陷和一些可能制造风险的不确定因素，人们从一开始就要将其纳入计算系统之中，但没有必要一直为此纠结。只要做好理性分析，就要立即做出判断，不要总是想着等到万事俱备才开始决定要不要动手。

第二，人们要制订一个大致的执行标准，只要满足了这个标准就去做，没有满足标准就坚决不去做，尽可能将决策简单化、标准化。比如有的人投资企业时看重现金流和净资产收益率，那么只要这两个项目达标了就坚决投资，如果没有达标，那么就直接过滤掉这个项目。按照这种简单明确的执行标准，人们可以避免过度纠结。

第三，一旦明确了目标和方向，就坚决去执行，拒绝拖拖拉拉，因为任何一个拖拉和延迟的举动都可能会动摇自己的信心和决心。正因为如此，人们需要给自己施加更大的动力，确保自己果断执行，比如每天列出自己要做的事情，通过这种形式来催促自己不要犹豫不决，要立即行动。

第四，要培养自信心，对自己做出的选择充满信心，无论是锁定目标，还是放弃目标，都要坚定意志，坚信自己的决策就是正确的，因此没有必要感到遗憾或者后悔。而且人们在做决策时需要坚持自我，保持独立思考和分析的能力，避免受到外界的干扰，这样就可以坚定自己的立场。

最后，要养成良好的执行习惯，平时即便是一件小事，也要懂得快速做决定，并且事后就不要继续深究这样做是不是合理。通过训练自己的反应能力和决策的习惯，确保自己在重要的事情上也能保持果断的风格。

总的来说，人们需要改变自己的一些错误认知和错误习惯，想办法提升自己的决策力。

» 提升责任感，保持良好的个人形象

在谈到个人的发展时，人们经常会谈到智商的概念，会衍生出情商的说法，又会提到逆商，如果说智商强调的是技能的培养和分析能力的提升，那么情商则看重个人社交能力的提升，情商往往可以推动人际关系的进步。相比之下，逆商更加看重个人内心状态的强化，它强调个人对挫折、困难和失败的承受能力。这几个"商"都会影响个人的发展状态。其实除了这几种之外，还有一种"商"经常被人提起，那就是"爱商"。

严格来说，爱商就是爱的感受、爱的智慧以及爱的能力，而其中就包含了责任感，比如很多人在团队中做事时，对和自己无关的事情毫不在乎，对那些不是自己职责范围内的问题视而不见，结果导致一些被遗漏的问题不断发酵，造成严重的影响。这种行为就是典型的爱商不足，爱商低的人往往会本能地拒绝和排斥那些和自己不直接发生关系的事物，缺乏团队感，缺乏社会责任心，缺乏关爱他人的品德。

所以，由爱商衍生出来的一个问题就是责任感，大作家歌德就曾说过："责任就是对自己要求去做的事情有一种爱。"事实上，责任感往往分为几个层次，低层次的责任感在于"按照要求做事"，执行结果和执行的质量并不是重点。层次稍高的责任感则在于"完成任务"，执行者会按照事先的约定和规定完成任务，保证自己的工作合规。层次更高的责任感则体现为足够的专注度和投入度，即便没有人监督和催促，他们也能在工作中会努力保持最佳状态，确保工作效益的最大化。

比如，很多缺乏责任感的人，对自己的工作往往表现得很冷漠，他们只想着按照最低要求执行任务，从来没有认真思考过工作绩效的问题。假设一个人每天的工作量是完成20件产品，但他在完成的过程中可能不注重质量的提升，因此不少产品都是不合格的。此外，这个人只要保持专注和勤奋，是有能力保质保量完成任务，并且可以额外多完成10件产品，他具备这样的能力和效率。可是按照他的说法：自己只需要做好分内之事就行，多余的工作没有必要去做，公司的效益和自己也没有太大的关系。在这样的思维模式下，这个员工可能不愿意全力付出，不愿意精进自己的能力和工作方法，最终可能也会失去自我展示、自我证明的良好机会。

很多公司如今都推出了末位淘汰制的方法，对于那些工作绩效不达标，或者工作绩效排在公司末尾的员工，公司会进行降级处理，或者直接将他们开除。这种考核方法不仅仅在于激发员工的竞争意识和自我提升意识，还在于激发员工的责任感，要求员工将个人利益与企业发展紧紧捆绑在一起，对企业的发展负责，而不是只专注于满足自己的利益。

责任感一直都是衡量个人素养的基本标准，相比于个人的能力大小，有时候态度更加重要，良好的工作态度往往是推动个人发展以及积累财富的重要助力，那些有责任感的人才更加懂得提升自我，释放自己的价值，同时更加善于调动人力资源。因为一个有责任感的人，不仅会对自己的工作负责，确保自己拿出更好的状态工作，还会对自己的团队负责，尽可能从团队利益出发，为团队的发展做出努力，为团队成员谋福利，在他们看来，想要更好地使用人力杠杆发挥财富增长的优势，就要对团队成员认真负责。

比如最近两年，随着线上教育收缩阵线，新东方开始转移阵地，而俞敏洪在这个变革时期，一直都在认真做好学员的退费和教师的安置工作，他将所有的学费如数退还，还对公司的教师进行了高额的补偿，这也是他多年来坚守的底线，那就是无论如何都不能让自己的员工遭受损失，自己应该尽可能对他们的职业发展负责。

事实上，早在多年前，就有不少人建议他转型做投资，按照新东方的现金流，俞敏洪完全可以在其他更赚钱的项目上进行投资，也许他的财富还会翻倍。但他并没有照做，因为他始终记挂着一件事：如果哪一天投资出现了问题，导致新东方的账目出现资金短缺，那么那个时候就没有足够的钱来处理学费和员工的事情了。他必须对那些新人自己的顾客和员工负责，不能为了满足自己的支付需求而让他们来承担风险。

正因为时刻以顾客为本，以员工为本，在结束线上教育之后，俞敏洪开始带领团队做企业直播，结果成功转型。

很明显，有责任感的人，更善于把握机会，但责任感并不是天生的，不同的人会有不同程度的责任意识，人们需要重点培养这种素质。

第一，要重视日常生活中的小细节

争取不放过任何一个细节，不轻易轻视任何一件小事，这种工作态度往往可以有效提升自己的关注度，确保自己不会因为一些小事情就显得很随意，久而久之，就可以强化个人的责任感，在做每一件事时，都可以保持专注和投入。

第二，要注意从大局出发，从团队的利益出发

平时在工作中的任何一项决策，都要与团队的利益联系到一起，避免因为个人的利益而忽略团队的利益。而且人们要懂得关注其他成员的利益，适当为他人的利益着想，尤其是作为团队管理者，更要懂得尊重和维护其他成员的利益。

第三，要保持专注和独立，不要总是想着依赖别人

对任何人来说，想要变得更加成功，想要积累更多的财富，那么唯一要做的就是对自己的成功负责，自己解决面临的问题，尽自己最大的努力去追求目标，并尽量按照自己的意愿去做事。

第四，当自己出现问题时，要主动承认错误、承担责任

不要总是想着给自己开脱责任，只有敢于承担工作中的责任，才能够培养出色的责任感，只有主动承担责任，才能够扛起困难奋力前行。

» **自律是成功者的共性**

从现实的角度出发，在追求财富、追求成功的道路上，往往是孤独的，而克服这种孤独感就需要强大的意志力和自律精神，因为人们会在奋斗的道路上，遭遇各种压力，受到各种诱惑，一旦自己的内心不够强大，就很容易受到影响。真正自律的人，才能够数十年如一日地保持良好的奋斗状态，才能在各种场景下保持初心，确保自己始终可以以正确的方式聚焦目标。

海尔集团的总裁张瑞敏就是一个非常自律的人，在公司工作多年，他一直都坚持每天工作12个小时以上，几乎没有什么其他的业余活动。更重要的是，相比于很多企业家经常给自己放假，他从来没有给自己放过一天假，对他而言，工作就是一辈子的事情，自己还没有理由去偷懒。不仅如此，张瑞敏多年来都有写日记和阅读的习惯，每天都会抽出时间看书写文章，然后记录一天发生的事情和工作心得，几十年来都没有任何改变。

前华人首富李嘉诚之所以能够积累惊人的财富，就和自律精神有关系，作为一个超级富豪，多年来他一直都严格按照作息表来安排一天的时间。他有很多非常好的生活习惯，那就是每天早上都坚持5点59分起床，即便晚上睡得再晚，他也会按时起床，然后阅读新闻，接着打半小时的高尔夫，接着奔向办公室工作，一直坚持到中午12点。李嘉诚非常喜欢阅读新闻，浏览商业信息，因此他每天吃完晚饭之后，会花二十分钟时间看英文电视，在睡觉之前又会坚持看书。由于良好的阅读习惯，他始终保持敏锐的商业嗅觉。

同样的还有王健林，他一度被人称为"中国最勤奋的企业家"，他多年来一直都严格规范自己的行为，保持良好的生活习惯。为了保持良好的工作状态，王健林每天早上在6点之前就会起床，然坚持后跑步健身一个小时，为一天的工作保持良好的状态，等到早上7点10分左右，他会前往办公室上班，多年来，只要不是出差，他就从来没有改变过这个时间安排。

很显然，这些企业家不会将全部的要求和规则强加到其他人身上，相反的，他们会做好自我管理，严格约束自己的行为。他们之所以能够积累亿万财富，之所以可以打造自己的商业帝国，和自律精神密不可分，自律让他们变得更加专注，让他们变得更加勤奋，让他们获得了更加强大的精神力量。

对于普通人来说，如果想要实现财富倍增或者财富自由，那么除了提升自己的价值之外，还要想办法确保自己可以在一个较长的时间段内保持良好的输出，也就是说，人们需要在自我管理方面做到严于律己，不要给自己松懈的理由和透支意志力的机会。

在自我管理方面，最重要的是保持高效性和持续性，因此一个合理的自我管理模式应该是数学式管理，这种管理模式往往具有系统化、严谨性和逻辑性，它往往建立在统一的思想、统一的语言、统一的动作基础上，人们可以非常理性地看待自己的行为，可以冷静思考自己的思维模式和行为模式，确保自己不会破坏固有的行为准则，这样才能持续发挥出自身的优势，去追求个人财富的增长。

不过，想要做好自我管理，提升自己的自律精神，可以从五个方面入手，这五个方面恰恰是构成自律的五个要素：

第一，"认同事实"

简单来说就是认清现实，了解现状，其中就包括对自身能力和层次的定位，对个人行为习惯的了解。认同事实的目的是改变一些不合理的行为习惯，培养更加合理的行为。比如很多人遇事缺乏耐心，总想着快速挣钱，因此很容易受到诱惑，这个时候，人们就要主动了解自己的缺点，想办法给予改正，比如每次想要做出不合理决策时，可以给自己留出几分钟的冷静时间，随着冷静时间的不断延长，人们的自控力会越来越强。

第二，"意志力"

这里强调的意志力是指个人执行计划的能力，也就是说，人们在制订计划后，想要严格按照计划约定去执行任务。自己每天早上8点要上班，那么就要坚持准时准点前往公司，如果经常选择8点半上班，那么无疑就破坏了计划。为了培养意志力，人们需要不断督促自己8点准时上班，甚至制订奖励措施来激励自己。

第三，"面对困难"

这一点主要强调个人主动接受困难和挑战，很多人面对困难时，喜欢选择性放弃，或者产生恐惧心理，这些都会影响个人对财富的追求，因为当个人的内心不够强大时，即便个人能力再强，使用的杠杆再高效，人们也无法实现财富目标。所以人们需要主动迎接挑战，克服内心的恐惧。

第四，"勤奋"

勤奋是强调个人的工作状态，强调在工作中的投入度，一个人如果足够勤奋，那么他就会克服困难去做事，去做自己应该去做且值得去做的事，他愿意为之付出更多的时间和精力，以确保顺利完成任务。在追求财富的道路上，勤奋是一个重要的因素，只要找到了合适的方法，只要提升了个人能力，那么勤奋就会成为最大的助力之一。

第五，"坚持不懈"

它主要强调人们维持工作状态的能力，是个人奋斗中的重要元素，考虑到财富积累是一个漫长的过程，人们需要保持耐心，需要坚持自己的工作原则和工作方法，坚持自己的目标。人们需要克服奋斗意愿降低、工作状态起伏、情绪波动等多种心理状态，更持久地保持良好的工作状态。

对于人们来说，需要从这五个方面入手，逐步提升个人的状态，确保自己可以在生活和工作中保持自律，从而建立起一个更加高效、更加稳定的工作系统和生活系统，为个人的奋斗保驾护航。

» 培养创新意识，改变固定认知模式

个人认知模式的形成，往往和自身掌握的知识有关，当人们被束缚在某一种固定的知识体系（包括经验）中时，就容易产生一种固定的认知模式，只要是符合这种认知的东西都是合理的，而不符合这种认知的东西则是不合理的。固定认知模式有时候可以带来很多便利，人们不需要做什么分析，就可以依据知识体系和习惯做出判断，但固定认知模式同样会带来一些问题，当个人面临的问题超出知识体系时，就容易陷入混乱。

科学家曾做过一个非常有趣的实验，他们先把房间的门窗紧闭，拉上窗帘，然后将几只蜜蜂和几只苍蝇装入一个透明的玻璃瓶中，瓶子横放，瓶底则刚好对窗户，接着将窗帘拉开一个角，露出一点亮光。当科学家偷偷拧开瓶盖后，瓶子里的苍蝇在2分钟内就找到了瓶口，顺利飞出去，而蜜蜂则始终对着瓶底乱飞乱撞，最终全部累死。

当看到实验结果后，人们一定会觉得苍蝇比蜜蜂更加聪明，但

实际上并非如此，相比于苍蝇，蜜蜂对于信息的掌握程度更高，因为苍蝇一般是通过乱飞的方式来寻找出口，只要自己多尝试几次就一定可以获得成功，而蜜蜂不一样，它们早就掌握了这样一条知识：有出口的地方通常都有光亮，或者说亮度最大的地方通常也容易出现一个出口。

这个认知其实是非常合理的，人们通常也会依据这个知识点来寻找出口，但问题在于蜜蜂不了解玻璃的特性，它们根本不知道玻璃具有很好的透光性，所以表面上看起来畅通无阻的出口，实际上隔着厚厚的玻璃瓶底。由于无法跳出固定认知模式，蜜蜂始终坚持从瓶底部位寻找出路，最终失去了逃生的机会。

在很多时候，人们也会犯下同样的错误，很容易受囿于自己狭隘的知识以及认知模式，对相关事物缺乏更全面的了解，以至于无法处理认知模式和知识体系之外的事物，甚至故步自封、僵化思维。比如某公司通过多年的发展，在世界各地都创立了分公司，市场影响力不可忽视，但因为公司的老总一直试图扩大版图，成为行业的前三，于是不惜承担巨大的风险四处借债，成立了多家子公司，进行高风险投资，但过多的借贷加上管理经营不善，导致公司陷入严重的危机，员工的工资也发不出去，还欠下1亿美元的外债。不久之后，公司的股价从30美元一路跌到4美元以下。

按照多数人的认知，这家公司既然欠下了大量的外债，连工资也发布出去，而且股价持续下跌，这肯定是一家非常糟糕的公司，根本不值得投资，在他们看来，任何一个有常识的人，都不会选择购买这家公司的股票。

但问题在于这种固定认知可能会导致人们失去一次绝佳的投资机会，如果对这家公司的财务状况进行仔细分析，就会发现：公司的核心业务运营良好，具有较大的竞争优势，现金流也比较充沛。只要剥离了亏损严重的子公司，然后将公司的房产出售用于抵债，那么情况就会得到一定的好转。还有一点非常重要，这家公司虽然股价下跌到4美元以下，但每股净资产高达50美元以上，这表明公司的真实价值要比股价反映出来的好得多，即便每股净资产打6折，也远远高于当前的估值，可以说这家公司一旦还了外债，解除破产保护，还是具有很大的发展潜力的。

事实上，到了2004年年初，这家公司顺利解除破产保护，紧接着公司快速反弹，股价开始迅速上涨，到2006年的时候，股价已经顺利冲破100美元。当时在4美元以下购入的人，挣得盆满钵满。

很显然，被束缚在固定认知模式中的人，思维的宽度和高度都会被限制住，他们无法认清事物的本质，无法理解事物变化背后的决定性因素，因此很难挖掘财富，只有那些跳出固定认知模式的人，才能够真正把握商机。

那么人们应该如何去跳出固定认知模式呢？

这里主要包含了两种方法，第一种方法是寻找认知的先决条件，简单来说，每一个人形成的固定认知都有一个先决条件来支撑，只有在满足这个先决条件的前提下，相关的认知和预判才是合理的，如果发现现实情况中不存在这个先决条件，那么就意味着这种认知模式需要做出改变。就像人们评判一家欠债和破产的公司非常糟糕一样，仅仅看欠债和破产是不足以得出它不值得投资的结论的，如果一家公司欠债、破产，而且公司的每股净资产很低，现金流也匮乏，那么才能表明公司的盈利能力很糟糕，不值得投资。在依靠自己的固定认知来分析某件事时，一定要先找到先决条件，避免被知识的局限性所困。

第二种方法就是尽可能全方位了解相关事物，了解它不同的知识面，确保自己的认知是健全的、完善的。事实上，很多时候人们对于事物的认知都是片面的，而这种片面的认知会影响人们对事物的判断。最简单的例子就是水，在常规认知中，水是可以灭火的，比如木材着火了就可以用水浇灭，但如果是电路引起的火灾，是化学物品引发的火灾，此时再用水扑灭，可能会加重险情，导致火势越来越旺，甚至引发爆炸，原因就在于人们只片面地了解了水可以灭火，却没有想过不同的着火材料会引发不同类型的火灾，而很多着火材料遇水后会越烧越旺，像钾、钠之类的活泼金属遇水后就会迅速爆炸和燃烧。

在投资或者创业的时候，人们不能仅仅停留在某一个知识面上，不能依据某一个知识点或者知识片段就做出判断，而要对相关的项目做全方位的了解，最好要建立一个更加完善的知识体系。

第三种就是培养创新意识，想办法从不同的角度、以不同的方式进行科学思考，构建起新型的认知模式，确保自己可以突破传统思维模式，突破固定认知模式，打造一个更高效的认知模式。比如在创业的时候，许多人愿意模仿那些行业内的成功者，希望按照他们的模式去拓展商业版图，但真正优秀的人会另寻他法，选择尝试新的道路和商业模式，打造出属于自己的商业格局。

又比如，某一天某人突然拥有两个发财的选择，第一个选择是直接从盒子里拿走500万元的支票，第二个选择是在两个盒子中任意挑选一个盒子打开，其中一个盒子里装着价值1亿元的支票，但另外一个盒子空空如也。

按照多数人的想法，必定会把握第一个选择，即直接拿走500万元，而理由很简单，挑战第二个选择意味着有50%的可能会一无所获，当人们在面对可以稳稳地拿走500万元的机会时，自然不会轻易错过，这样的选择似乎也很合理，毕竟稳定性压到了一切。可是对于少数更加理性的人来说，可能会挑战第二个选择，在两个盒子中间做出抉择。

对于第二个选择来说，表面上来看是一个碰运气的行为，赌的就是50%的概率，但实际上了解经济学思维的人会巧妙地对这个问题进行转化。比如有的人会将第二个选择中打开两个盒子的决定权卖给第三方，出价1000万，直接将拿到1亿元巨款的概率让给对方。又或者可以进一步细化这种转让模式：将机会让给第三方，并且约定如果对方没有打开1亿元的盒子，那么自己则收取800万元的首付，如果对方幸运地打开了拥有1亿元支票的盒子，那么对方需要将这笔钱按照特定比例分配，转让者可以获得3000万元。这些很明显是比较安全的转移风险的方法，可以保证转让机会的人不会空手而归。

　　还有一些人会继续调整思路，他可以将第二个选择权进行细分，不再局限于两个盒子，而是分成几千份或者几万份，甚至更多，然后像彩票一样出售摸奖的机会，并依据抽奖金额设定不同的奖项，从一千万元到几十元不等。通过对这些抽奖券进行发放和出售，可以保证自己获得更大的收益。通过各种奇妙而高效的调整，人们就会发现，自己根本没有必要被束缚在两个选中当中，而是跳出惯性思维，巧妙地运用各种合理的操作来保证利益的最大化。

　　最后一种常见的方法就是改变错误的认知，事实上，很多人积累的知识以及构建的固定认知是错误的，而这种错误的认知慢慢形成了一种思维习惯和行为习惯，这个时候，想要建立起正确的认知模式，就要主动去认识自己的认知局限，改正存在的错误。就像人们最初对宇宙的认知一样，就是从"地球是宇宙中心"，到"太阳是宇宙中心"这些错误的认知中一步步改正过来的，只有不断突破错误的认知，人们才能构建起正确认知模式，也才能提升思维的活性。

Chapter

挣钱的第一法则：尽量避免亏损

» 将自认为对赚钱影响最大的缺点列出来

　　美国管理学家彼得·德鲁克曾经将管理中出现的资源分配失衡以及发展失衡现象总结为"木桶理论"，按照他的说法，任何一个组织，任何一个企业，任何一个人，都具备某一方面的优势，但同时也具备一些劣势，整个组织或个人的优势和劣势就像高低不同的木板一样，一同组成了一个木桶，而衡量一个组织或个人发展的空间和潜力（**蓄水量**），并不在于最高的那块木板（**优势**），而恰恰在于最低的那块木板（**劣势**）。换句话说，劣势往往会成为制约发展的限制性因素。如果人们想要提升水桶的盛水量，就必须增高那块最短的木板。

　　从个人的发展角度来说，也是如此，一个人想要获得进步，想要变得更加优秀，那么不要只专注于提升自己的优势，还要注重对一些劣势和不足之处进行完善，如果只看重优势的发挥，而忽视了对缺点的完善，可能会接二连三犯下同样的错误，也会在同样的地方摔倒。

比如某人学识渊博，能力出众，一直都是公司内的顶尖人才，但是相比于其他人，他最大的问题就是说话不经大脑，经常得罪人，因此他工作二十几年，在车间主任的位置上一直没能爬上去。因为不会说话已经严重影响了他在公司内部的人际关系，领导会刻意打压他，同行们会排挤他，下属们也不愿意支持他，这样的性格缺陷已经成为他晋升的最大阻力。

又比如很多投资者会和企业家能力出众，拥有良好的判断力和敏锐的嗅觉，总是能够顺利发现不错的投资标的，可这些人最大的问题，在于缺乏长期投资的意识，他们害怕时间跨度太大会带来更多的不确定性因素，因此没有足够的勇气和耐力去长时间等待。对于这些只喜欢短期投资的人来说，丧失了使用复利的机会，他们对于杠杆的运用也会失去更大的效用。

从竞争的角度来说，当一个人的优势足够强大时，自然可以形成强大的优势，但如果一直不注意完善自己的弱点，不注意给自己一些防护，那么竞争对手可能会选择攻击他的弱项，以此来击垮他，毕竟相比于在优势方面硬碰硬，寻找弱点来下手，是更为高效的一种方法。

一个优秀的人，或者说一个成功者，他们并不一定要面面俱到，不一定要完美无瑕，但必须尽可能地让自己的缺点和短处得到适当进化，他们必须要在一些关键的缺陷上做出调整，提升自己的防护性。所以人们需要从自身最大的弱点入手，从那些能够影响自身正常发展的弱项入手。

　　一般来说，在寻找并改进自身缺点的时候，可以进行自我反省，每一次失败，都要给自己做总结，进行自我反省，列出失败的原因，并重点找出自身存在的原因。然后将每一次失败后，自己存在的问题全部整理出来，看看什么问题出现的次数最多，看看什么问题造成的破坏性最大，从中找出自身最大的缺点。

　　找出缺点之后就要想办法积极改善它，人们需要想办法去寻求解决问题的方法，比如社交能力不行或者害怕社交的话，就要经常与人交流，而且最好尝试着多和陌生人进行交流。如果是因为个人的抗压能力不行，那么平时一定注意提升个人的意志力和抗逆力，同时寻找转移压力和负面情绪的方法。又比如人们平时最大的缺点就是过于自负，没有正确的自我认知，那么就要通过工作、生活和他人的评价，来重新定位自己，看清楚自己是什么人，自己拥有的能力是什么，自己适合做什么工作等。总的来说，人们在锁定自身最大、危害性最强的缺点后，一定要及时给予改正，完善自身的防护能力和竞争力。

　　自我反省是一个非常重要的方式，可以有效挖掘自己的缺点。除此之外，人们有条件的话可以寻求一个监督者，让周围值得信赖的人帮忙找出自己的缺点，或者通过日常的对话，以及来自他人的反馈，及时找出自己有哪些方面做得不够到位的，然后寻求解决的方法。

　　比如京东商城的创始人刘强东就认为一个创业者必须看得到自己的缺点，为了降低创业的风险，创业者需要不断进行自我反省，找出自己的不足之处，考虑到人们在认识自我方面常常存在盲区，他要求创业者必须寻找更多的监督者。在接受某次访谈时，他谈到了自己招聘人才的做法："每来一个主管，人力资源人员到主管沟通，再到刘强东助理沟通，而沟通的重点是告诉高管，刘强东的缺点是什么？"刘强东的话非常朴实，核心思想就是要求引进的人才敢于指出上级领导的缺点，这对公司的管理能够起到很大的作用。

相比于自我反省，寻求他人的监督和反馈，往往难度更大一些，需要构建一个更高效的管理体系，而且必须构建一个和谐的环境，这样才有助于监督机制发挥作用。

其实，无论是自我反省、自我改善，还是寻求监督，最重要的是要建立一个正确的自我认知，要明白任何人都是有缺陷的，需要挖掘并正视自己的缺点，这样才能更好地推动自我完善的进程。

» 学会复盘，及时修复漏洞

一个顶级的投资者，不仅要有敏锐的嗅觉，能够挖掘出合适的投资机会，还要具备自我反省、修正流程的能力，能够在第一时间发现自己在投资过程中出现的错误，修复投资漏洞，确保自己的投资方向、投资方法、投资策略不会出现错误。

为什么要自我反省，为什么要及时回顾自己的流程呢？就是因为个人的错误同样会在复利的影响下产生作用，只不过这是负面作用。举一个简单的例子，一个人准备从甲地走到乙地，出发的时候，他的前进方向偏离了10度，而这样细微的失误通常很难被发现，更重要的是，这个人可能并没有当一回事。这个时候，就会发现，随着甲越走越远，与目的地的偏差就越来越大。为什么会这样呢？学过数学的人都知道，当一个角固定时，随着边长的延伸，两条边长之间的距离会不断拉大。如果角度一直不断变大，那么最终的偏差会更加惊人。

这就和复利是一个道理，当一个错误没有被及时更正时，这些错误可能会呈指数式增长，其破坏力会不断放大。以一个人的投资为例，如果一开始的策略和方向就出现了错误，那么之后的亏损可能会越来越大，如果不能及时调整过来，最终会被巨大的危机和亏损拖垮。正因为如此，人们在执行的过程中，需要及时进行复盘，看看自己的工作中存在什么漏洞，看看有什么地方需要继续完善的，有什么投资错误应该及时得到更正，绝对不能放任这些错误继续放大。

复盘强调人们对自己过去的投资行为和流程进行回顾、梳理，看看自己当时做出的决策和制订的方法、策略是建立在什么思维基础上，看看自己的行为是以什么条件作为支撑的，这些思维模式和支撑的条件是否合理，自己对于形势的判断是否经得起推敲。复盘的目的是找出其中需要修正的环节、方法、策略，看看自己应该如何改善。尤其是当投资出现挫折和失利时，更要做好复盘工作，确保在第一时间做出调整。

事实上，在企业家的圈子里，复盘早就成为一个普遍现象，诸多商业精英，都非常推崇复盘的手法，也正是因为如此，他们可以将生意越做越大，人生也才会越来越成功。

在复盘的时候，人们可以直接对自己的流程从头到尾进行回顾，从最开始的环节开始认真分析，看看每一个环节是否联系紧密，是否存在漏洞，这种从头开始回顾的方式有一个最大的优点，那就是人们可以按照自己现有的思路重新去设计路线，然后进行对比，看看哪些地方是不同的，这些不同之处是否就是解决问题的关键。人们也可以回顾自己的执行思维，按照这种思维去重新部署，看看自己是否能够顺利实现目标，在不同时期，按照同样的思路去执行，往往可以获得两种流程，只要对这两个流程进行对比，就可以找出区别，发现之前存在的漏洞。

人们可以针对当前完成的目标或者出现的结果，进行逆向分析，从结果一点点往前回顾，找出其中不合理的地方。这种逆向回顾的方式也有一个很大的优点，那就是人们可以通过逆向操作，来推导出支撑结果的条件是否合理。比如一开始的流程是先从A开始，由A做到B，然后完成C和D，最后得出E这个最终结果。在逆向复盘时，可以从E往前推，看看D这个条件是否能够支撑起E这个目标，然后继续推导，看看C所具备的条件，是否可以支撑D的实现。以此类推，可以从C推导B存在的合理性，从B推出A的合理性。这种不断往前推的过程，可以有效帮助人们找到那些影响推导流程的因素。

需要注意的是，复盘可以多次进行，这样就可以进一步完善流程，确保自己的事业越来越好。

» 资本运作的前提是要保证本金的安全

1929年，美国股市经历了熊市，股市出现了恐慌性抛盘，到了10月29日，更是出现了黑色星期二，这是纽约交易所一百多年历史上最糟糕的一天，道琼斯指数在这一天之内就下跌了11.5%，整个华尔街陷入崩溃，在那之后的几个星期内，道琼斯指数从最高点的381点跌到200点以下。投资大师本杰明·格雷厄姆也遭受了亏损，但他仍旧信心满满，毕竟在整个1929年，他的投资公司也不过损失了20%，这比当时绝大多数投资公司都要强。

格雷厄姆认为自己有信心赢回所有的损失，而且还能够实现更多的盈利。1930年初，格雷厄姆在佛罗里达会见了93岁的约翰·迪克斯，会谈中，两个人谈到了最近的股市，此时经验丰富的迪克斯给了格雷厄姆一个建议："明天乘火车回纽约，卖掉手里的证券，还掉借来的钱，归还资本金给合伙人。"格雷厄姆觉得老商人所说的股市崩盘就像是开玩笑，何况当时的股市有了一些反弹，于是根本没有放在心上。不仅如此，他还贷款一大笔钱准备继续抄底股市，以实现翻本和盈利。

可是股市很快失控，股价一跌再跌，危机接踵而来，到了1932年6月份，道琼斯指数已经跌到可怜的41点，格雷厄姆亏得血本无归，之前250万美元的资金规模在1932年年底已经萎缩到55万美元了。他后悔没有及时止损，没有想方设法保住自己的本金，最终不得不卖掉豪车豪宅抵债，为了生活，他甚至不得不去教书、写作，并且依靠审计的工作来维持生计。

这一次的惨痛经历，使得格雷厄姆很快意识到了投资中的一个重要原则，那就是永远不要亏损，保护本金才是最重要的，他后来和戴维·多德合著了《证券分析》这本书，其中的一个核心理念就是确保本金不会出现亏损。

格雷厄姆制订的这个投资标准和投资理念成为投资乃至资本运作的一个基本原则，也影响了后世的投资者，像之后的巴菲特和芒格，都强调"永远不要出现亏损"，在他们看来，保护本金不受损失是最基本的投资理念。事实上，投资作为一种资本游戏，本身就具有很大的风险性，盈亏都是非常正常的事情，对于很多投资者来说，往往很容易忽略这个问题，有时候他们会显得冒进，并坚信投资就是勇敢者的游戏。

但对于多数人而言，尽可能避免出现亏损，这是至关重要的一条法则和理念，虽然投资本身就有盈亏，而且不可能所有的投资都会挣钱，更不可能一开始就挣钱，这里所强调的不要亏损包含了两点：可以有暂时的波动，但从长远来看，个人的投资必须盈利；用于投资的本金不应该出现亏损。

　　假设某人投资100万元购买一家公司的股票，一开始股价上涨了20%，可是两三年之后，公司发展后劲不足，之前的竞争优势逐渐被抹平，股价不断下跌，股票的价值很快从120万元跌到100万元附近，而且后续仍旧有下跌的趋势，公司在行业中的发展也越来越不明朗，未来很难有发展空间。这个时候，投资者就要及时止损，卖掉手里的股票，以免本金出现大额度亏损。

　　对于很多投资大师而言，投资的一条底线就是避免本金亏损，这里往往涉及两个方面的内容：第一个是对风险因子的把握，第二个是对亏损额度的掌控。

　　简单来说就是不要做亏本的生意，尽可能规避那些风险因子，而其中一个重要的观点就是不要片面地被高收益项目诱惑。比如投资者都会追求高收益的项目，他们会本能地考虑那些收益最高的投资项目，但高收益往往也伴随着高风险，投资者必须做出合理的取舍。就像一个人花费100万元投资一个年回报率11%但成功率高达90%的项目，与投资一个年回报率达到50%，但是失败率高达95%的项目，至于该如何进行取舍，可能多数人会选择前者，很显然，相比于挣钱，亏损带来的冲击力要更强一些。如果更加极端一些，那就是投硬币，假设一个人下注100万元，如果硬币是正面，自己就可以获得100万元的奖励，如果硬币落地时是反面，就会输掉100万元的赌注，那么还会有多少人愿意去玩这样的游戏？

　　正因为如此，人们需要对那些大家都认为高收益的项目保持谨慎，无论是否是真的，都要做到一点，那就是养成这样的投资理念：高收益非常重要，但是如何确保降低本金亏损的风险更加重要。所以在投资中，适当的谨慎和保守很有必要，高风险的项目往往不值得冒险。比如在投资领域，存在很多回报率很高的项目，这些项目往往很容易成为投资者追逐的对象，但人们很容易忽略掉它们背后存在的风险问题。而价值投资者对于那些高收益背后的高风险始终敬而远之，就像看待比特币一样，他们拒绝拿自己的本金做赌注。

风险因子往往和行业发展的规律、产业的结构与性质、企业自身的发展状况、经济环境的变化、政策的稳定性、个人能力有关，只有全方位搜寻风险因子，才能更好地保证投资的安全性。

一般来说，人们应该尽可能避免犯大错，尽管在投资中，没有谁能够避免错误的出现，即便是最理性、最专业的投资者，也免不了会出现一些错误，但是如果想要保证投资的安全性，就需要想办法避免犯下一些显而易见的错误和那些重大的过错，这样就可以有效减少不当操作对本金造成的侵害。

投资者必须对亏损保持警惕，始终将保护本金放在首位，毕竟只有保存了本金，才有机会在撤出投资之后寻找更加合适的投资标的。

» 投资一家不用操心就能稳定发展的企业

原始资本基金及其母公司第一太平洋顾问公司的主管乔治·米凯利斯一直都在坚持使用一个著名的投资理论：购买"咖啡罐型股票"。所谓的咖啡罐型股票，指的就是那些投资者在5年时间内可以不闻不问但仍旧对其稳步升值和发展充满信心的股票，简单来说，就是一家企业即便5年时间也不用去打理和操心，其股价仍旧会不断增长。

其实，这套理论最早源于投资大师鲍勃·科比，鲍勃一开始提出了咖啡罐式组合的投资概念，他认为投资者只需要买进那些股票，然后束之高阁，什么也不用管，等着增值。为什么叫咖啡罐式组合？据说在美国的西部拓荒时代，人们会将家里值钱的东西放在咖啡罐里，然后藏在床垫下面。咖啡罐不会产生任何成本和损耗，而咖啡罐里的东西有可能会实现价值增长，人们能否获得更多的收益，取决于当初在咖啡馆里放了什么。米凯利斯完善了这个理论，他认为人们应该买进优秀的股票，而所谓的优秀股票则是指至少要可以放任不管5年时间的股票，按照他的话来说，如果找到一只可以让自己如此放心的股票，那就没有必要犹豫。

米凯利斯一生都在寻求这样的股票，毕竟这样的股票往往具有很大的增长空间，而且一直都可以稳步提升。比如米凯利斯曾经长期持有梅尔维尔公司的股票，并且根本没有产生任何动摇，原因则非常简单，这家公司所在的行业本身就具有很高的门槛，大部分企业都无法够到这个门槛，而它在行业中则处于顶尖水平，这样的企业不仅实力强劲，没有真正意义上的对手，重要的是，梅尔维尔拥有出色的商业模式和经营技巧，管理者把购物中心的商店经营得非常优秀，相关的零售技巧和管理风格也都不断扩散到其他项目上，这就使得整家公司形成了健全的体系。无论是管理者还是投资者都不用为公司的发展操心，它可以依靠现有的模式和体系不断创造价值。比如在1999~2008年，总资产只有3.5亿美元左右的梅尔维尔竟然在10年中创造了20亿美元的现金，公司的红利和账面价值每年都以15%的速度增长，资产收益率平均达到了惊人的24%，公司的盈利更是连续14年处于增长状态，即便扩展到2009年之前的24年时间里，也只有一年时间出现了盈利下降的情况。米凯利斯自从1970年持有该公司的股票以来，就一直放心持有，从没有为这笔投资操心过，结果获得了18%的复合年回报率，这些惊人的红利让他挣得盆满钵满。

如果认真进行观察和分析，就会发现有关核心价值、杠杆这些财富增值的关键指标，不仅仅和使用者本人的觉悟与认知水平有关，还和投资标的有关，好的投资标的，优质的投资项目，无疑更能够体现出杠杆的作用。就像人们投资一家普通的饮料公司一样，也许能够通过融资的方式获得几倍的回报，而从1919年（可口可乐公司上市）就投资可口可乐公司的人，也许早就通过融资的方式获得了几千上万倍的回报。

事实上，对于那些不用过分操心的企业，往往都拥有强大的经营管理能力，其核心竞争力与价值优势非常明显，即便它们遭遇了一些麻烦，也不会对总体上的业务造成多达的影响，它们能够按照既定的模式和影响力获得良好的发展空间，人们只要合理运用资本杠杆对其进行投资，往往可以实现财富的快速积累。

最典型的就是谷歌公司，这家公司之所以能够得到投资者的青睐，就是因为大家对它的发展足够放心。有人曾做过分析，某一天，谷歌公司90%的员工都选择辞职，也不会对公司造成致命的打击，而该年度的利润总额也许只是象征性的下降1%。而剩下10%的员工，即便一个月不去上班，公司光是依靠安卓系统产生的专利费用和庞大的广告业务，就可以养活整个公司。面对这样一家几乎可以自行运转的公司，投资者自然没有理由错过这笔重要的投资。事实也证明了这一点谷歌公司自从上市以来，虽然经历了一些波折，但上涨的趋势非常明显，早期投资谷歌公司的人，早已经积累了亿万身家。

如果进行分析，就会发现不需要操心的优秀企业具有一些基本特质：

一、拥有良好的商业模式，能够实现持续的盈利；

二、在行业内拥有无可争议的竞争优势，不用担心市场被挤压；

三、具备强大的经营管理能力，拥有成熟的管理层；

四、掌握充足的现金流，能够承受更大的风险；

五、具备强大的品牌影响力，在市场上能够产生很大的影响。

当一家企业具备这些优秀特质的时候，它的运转就会变得更加顺畅，也许它会出现一些波动，但基本上不会对企业未来的发展产生什么阻碍。著名的投资大师查理·芒格曾经说过："一家优秀的企业和一家面临倒闭的企业之间往往有明显的区别：优秀的企业总是可以非常轻松地做出一个又一个决定，而那些表现向来很糟糕的企业经常会在各种各样的抉择中左右摇摆、痛苦挣扎。"在他看来，优秀的企业本身就具备一种运转的优良基因，即便没有出色的管理者，即便遭遇问题，也能够快速做出合理的决策，根本就不用过多操心它是否会遭遇什么严重的问题。反过来说，那些需要自己操心的企业，往往缺乏足够的说服力，它们通常也不可能顺利获得理想的回报。

正因为如此，很多投资者会想办法观察和评估企业，他们会连续数年追踪这家企业，或者查询目标企业在最近几年或者十几年时间的发展状况，评估这些状况。米凯利斯将评估时间定为5年，这并不是一个绝对的标准，因为很多优秀的公司本身也会存在一个波动期，最重要的还是对企业的未来发展情况进行认真预测和分析，比如企业所在行业的发展空间，企业在行业内的潜在竞争优势，很多企业可能需要在更长的时间段内才能体现出发展的优势，毕竟并不是所有的企业都可以像梅尔维尔一样，譬如谷歌公司，它也曾数次经过剧烈的波动，其股价甚至曾下跌超过50%，也曾被人认为是一家"有风险"的高科技公司。

事实上，一家不需要操心的企业除了稳定且持续的收益之外，良好的企业文化、出色的商业模式、成熟的管理层、充足的现金流、突出的竞争优势、强大的品牌影响力之外，还应该具备成长的空间，它在未来很长一段时间内都能实现持续的稳定的盈利，而有的企业虽然有不错的管理层和商业模式，也有良好的企业文化，但是发展已经过了巅峰，即将进入发展周期的末期，实际上问题只会越来越多，并不值得投资。

» 设定安全线，避免自己出现较大亏损

在谈到挣钱或者积累财富时候，许多人会想到投资，想到如何借助杠杆来打造自己的财富增值系统，但很少有人会去思考一个基本问题，如果失败了会怎么样，这套杠杆系统会不会成为一个巨大的负担而产生负面影响，会不会对个人财富的增值产生破坏性的作用？

其实，许多人在想着如何变富的时候，忽略了一点：一个人做事或者投资的首要任务不是盈利，而是为了保持资本的安全，安全性一直都是人们最关注的一个问题，但关于资本运作的安全性其实具有一些不可预测性，因为投资的本质是对未来进行预测，而预测得到的结果不可能是百分之百准确，只能是从零接近一百。正因为如此，人们如果想要发家致富，除了尽可能挑选好的项目之外，更重要的是想办法提供一些安全保障，给资本设置一道安全栅栏，没有这一道栅栏，所谓的杠杆弄不好只会起到反作用。

首先，人们可以设置安全边际，简单来说，就是在对企业、项

目的价值做评估时，预留一部分空间，这就是安全边际。安全边际一词，最早出现在格雷厄姆的《证券分析》一书中，原文的定义是股票现价与其最低的内在价值（**内在价值的估计是模糊的，一般会设定为一个区间**）之间的折扣。

许多人对于这个折扣感到好奇，为什么一家企业的价值在具体出售股票的时候要打折呢？最重要的原因还是在于市场情绪的影响，在格雷厄姆看来，股市中有一位患有躁郁症和抑郁症的市场先生，他的情绪常常会出现波动，有时候会兴奋地提升价格，甚至是溢价出售，有时候则表现得非常消极，会毫不犹豫地打折处理，而打折就会导致安全边际的出现。

比如某个投资者在评估一家公司的内在价值时为2000万美元，其他合伙人则认为它可能只有1000万美元左右，所以他将这家公司的内在价值估计为1000万~2000万美元，按照最低内在价值来计算，这家公司只值1000万美元。那么当这家公司开价1000万美元的时候，这个投资者基本上不会被打动，因为在他看来花1000万美元购买只值1000万美元的企业根本就不划算，而且存在经营管理上的风险。这个时候，投资者会打折，比如打六折，即只愿意花600万美元收购这家企业，省下来的400万美元就等于设置了一个安全边际，即便花了650万美元购买，也有效缓冲了有可能存在的失误、意外事故、经济与市场突变造成的亏损。

著名的投资人麦森·霍金斯是格雷厄姆和巴菲特的忠实粉丝，他一直都像格雷厄姆那样看重每一笔投资安全边际，而他在设置安全边际时非常具体，那就是购买公司时的价格不得超过公司内在价值的60%，在他看来以内在价值的60%设定价格会带来一个安全的投资操作空间。

有人曾对它有过形象的描述：如果建造一座可以承受3万镑的大桥，那么我就会将汽车的重量限制在1万镑，这样一来，即便偶尔有一辆一万两千磅或者一万三千磅的汽车通过，也不会对大桥产生什么损害。

相比于格雷厄姆和巴菲特，著名的对冲基金经理赛斯·卡拉曼则一直在强调"最安全边际"的理念，他强调以最低内在价值的券折扣进行投资，而且必须投资有形资产。在他看来，有形资产方便交易，而且可以替代，而无形资产飘忽不定，弹性太大。就像开店一样，店铺就是有形资产，经营某个买卖失败了，还可以借助店铺选择其他的经营方式，实在不行还可以转让、出租和出售店铺。而店铺的招牌和品牌就是无形资产，如果品牌不过关，可能就不会有人接盘。

无论是强调安全边际，还是注重最安全边际，本质上都是确保能够为投资打造一个合理的缓冲区域，从而避免自己因为一些失误和意外事故人出现亏损。

其次，就是及时止损，设定一个亏损的安全额度。

假设某人以100元的单价买了某公司的2000股股票，可是由于这只股票发展并不好，加上股票市场都处于下行通道上，该公司的股价一直下跌，现在它的价格只有60元。对于花费了200000元成本的投资人来说，手里的资产突然降到120000元，直接损失了80000元，他们接下来应该如何做呢？

通常情况下，多数人都会选择继续等待，因为在他们看来自己的投资一分钱没有涨上去，反而降低了那么多，如果此时选择退出，那就会直接带来亏损，还不如继续等待，看看股价会不会涨回去。可以说，很多投资者都抱有这种赌徒式的想法，产生这个想法的主要原因就是沉没成本的干扰，人们经常会对那些已经发生但与现在决策无关的费用耿耿于怀，不甘心自己的付出无法得到相应的回报，因此会在决策时优先考虑沉没成本。就像有的人开办工厂，当工厂投资到一半时，发现行业出现了巨变，自己的工厂即便成立也无法创造什么收益，此时最好是提前撤离，尽可能减少损失，但人们会因为自己之前的投资而难以释怀。

沉没成本往往会成为个人进行风险评估的一大障碍，但这些人其实忽略了一个问题，那就是对于那些持续下跌的不良投资，继续等待只会造成更大的损失，面对这一类情况，真正合理的选择是及时止损，将手里的股票全部抛售。

从个人投资或者经营项目的角度来说，人们应该避免出现亏损的情况，但在寻求致富渠道和方法的过程中，亏损往往是难以避免的，不可能每一次都能够挑选到那些优质项目，最重要的是确保行情不佳或者投资下行时能够减少亏损。这个时候，人们可以选择一些止损的方法。

止损是日常生活、工作和投资中的一个重要策略，但止损本身也是一项技术活，关键是设定一条止损线，简单来说就是人们要明确到了什么时候、什么程度，就要开始止损。为了尽可能减少损失，或者尽量避免出现损失，可以选择提前设置一条安全线。

这里强调的安全线有两种模式：第一种是在盈利线以上设置安全线，也就是说，投资开始出现亏损，但是由于之前的盈利积累，投资总体上仍旧有盈余，但是继续下去就容易产生亏损，为了避免出现亏损，人们需要提前做好准备，而这一种模式比较适合长线投资。比如，某人投资了某个项目，过去十年一直都在上涨，每年的营收也比较可观，可是随着经济的不景气，项目投资的营收不断下跌，接连几个月都在亏损，在不久之后恐怕会连之前的盈余也会亏掉。这个时候，投资者会在亏损出现之前设定安全线，确保自己不会出现亏损。

第二种是针对亏损额度的安全线，主要是强调个人能够承受的亏损额度，比如很多投资者在设置安全线的时候，会设置一个亏损30%的额度，这就意味着他们最多只能承受30%的亏损，一旦超过这个数字，就会严重影响自己的资产规划和资产安全性。设置亏损额度的一个因素在于，人们对自己的投资把握不准，认为自己可能有机会实现盈利，但为了保证资产的安全性，他们需要设定一个安全线，只要自己不越过安全线，那么投资带来的亏损就在可控范围之内，不会对自己的生活以及其他投资产生影响。

一般来说，不同的人会设置不同的安全线，不同的投资项目也应该设置不同的安全线。像那些有钱人，可以将亏损额度提升到

50%，而经济条件不佳的人可能最多只能承受20%的亏损，像一般的股票投资和项目投资，可以亏损20%以上，而类似于理财产品的亏损额度一般最好控制在10%以内。

如果人们想要保护自己的资产，那么就要在安全边际和亏损的安全额度上提前做好准备，避免自己做出误判。

» 把握发展过程中那些"真正的问题"

在评价一个人是否足够优秀时，往往不是看这个人获得了什么能力，或者获得了什么收益，而要看这个人是如何查找问题以及如何解决问题的。问题是个人自我管理和自我成长的核心，人们在成长的过程中就是为了不断发现问题并解决问题，当自身发现的问题越多，就意味着遭遇的风险越小；当自身的问题解决得越多，或者出现的问题越少，就意味着自我管理越有效。问题始终是自我管理和自我成长中的核心内容，毫不夸张地说，个人的成长本身就是被问题推动的，自我完善和成长都是建立在问题的挖掘和改进基础上的，没有对问题的探索和分析，个人的成长也就难以实现，因为个人的核心价值与杠杆使用都会受到掣肘，甚至出现一些重大的阻力。

其中，对于问题的界定是一个非常重要的步骤，这与解决问题同样重要。而在现实生活和工作中，很多人对于问题的界定存在很多误解，而且也容易做出一些错误的界定。比如在风险管控中，人们通常会强调对风险因子（或者问题）进行挖掘和评估，提前做好部署，制订更好的应对措施，而制造风险的问题往往有很多，不同的风险因子，所起到的作用并不相同。那么在进行风险管控的时候，应该如何去把握相关的问题呢？

从具体的管控效果来看，自然是了解越多问题越好，但这样做也有一些缺陷，首先，考虑到事情发展往往具有不可预测性，而外在环境的变化又存在诸多不确定性因素，因此并不是所有的风险都可以挖掘和化解的，试图挖掘出所有的问题，这本身就很困难，而且会对个人的防备工作造成很大的负担。其次，并不是所有存在的风险因子都会产生巨大的破坏力，在人们所发现的问题当中，有一些其实无足轻重，虽有一点影响，并不会影响整体计划的推进。还有一些虽然会制造麻烦，但所产生的作用并不是根本性的，依旧在可承受范围之内。

对于那些优秀的风险管控者来说，他们通常会寻求把握真正的风险因子，或者说是真正的问题，如果某种因素对整个计划的推动没什么印象，那么它就不能称作一个问题。这里所强调的"真正的问题"，实际上是一种抓重点、抓关键的策略，只有那些真正能够动摇计划实施、破坏执行效果的问题才值得重视。

正因为如此，人们在进行风险管控之前，需要认真进行分析和评估，看看哪些问题和漏洞会对个人成长产生重大影响，哪些问题会起到关键作用，找到这些问题的边界，明确问题的性质，思考解决这些问题的方法。一般来说，人们可以对相应的流程进行分析，看看哪些环节是最重要的，看看哪些因素是最关键的，找出这些关键因子，并评估它们在失控时所产生的负面影响，人们需要提前针对这些关键环节和因素进行分析，强化个人的控制力。

为了强化对内部问题的挖掘和解决能力，人们可以尝试使用风险树搜寻法，作为一种高效的风险监测方法，它可以借助图解的形式将大风险分解成各种小风险，或者可以更为明确地对引起风险的相关原因进行分解，而分解后的图形就像逐步分散的树枝一样，分解的枝条越多，也就意味着风险越多，但风险有大有小，对于那些无足轻重的小风险，对于那些无关紧要的原因，可以一层层排除，找出那些真正会影响到管理的大问题及其产生的原因。

比如某地产投资者准备向银行贷款，以缓解资金压力，为当前的地产项目提供更多的保障，但这个投资者同样会面临一定的贷款风险，贷款风险组要可以分为是否有能力偿还贷款的风险、是否可以按期完成还款的问题、贷款的收益情况等问题。

其中贷款偿还问题可以进一步分解为个人的信用问题和经营的风险问题，比如信用问题包含了一直以来的经营状况（**经营能力**）、经营环境、担保的方式、信誉品质、资本实力。

偿还期限的问题通常包括流动性风险和利率风险。

收益问题则可以从利率水平、宏观效果、货币市场资金供应情况来分析。

针对这些问题，可以直接列出一个风险树，通过风险树来搜寻最有可能制造麻烦的问题与环节，确保自己可以快速把握住重点。

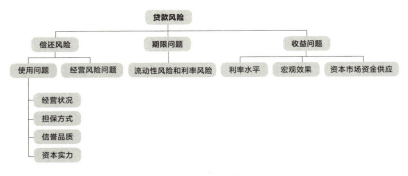

图8-1　风险树

通过对风险进行分解，然后对照自身的发展情况，就可以更加直观、更加精确地找到那些真正会影响到内部管理的风险因子，并针对性地进行改良。比如这个投资者在过去很长一段时间内，个人的资本实力薄弱，现金流严重不足，几乎都是依靠借贷来维持基本的运营的，加上个人的经营一直不好，整个项目难以获得什么收益，而这样就会加剧个人的还款风险。那么在分析贷款风险的问题时，就应该重点把握个人的偿还风险问题，找到解决的方法，然后才能安心贷款。如果整个地产行业在过去两三年一直不景气，出现了很多资金断裂的问题，出现了市场萎靡的情况，那么投资者在贷款的时候，就要对潜在的收益问题进行评估，看看大环境的情况，了解资本市场的资金供应是否到位，资本杠杆十分能够发挥出优势，以及未来的收益是否能够达到预期水平。

　　其实，无论是进行复盘，还是构建风险树，在风险管控方面，最根本的一点还是人们需要保持强大的分析能力，确保自己可以找到关键的问题所在，找出真正能够制造风险和威胁的因素，这些才是挖掘"真正问题"的关键。

» **风险管控要合理**

    著名的心理学家丹尼尔·卡尼曼和阿莫斯·特威尔斯基在《人们如何在管理风险和不稳定性中完成了非常有趣的工作》中提到一个有趣的现象：很多人喜欢赌赛马，而在赌赛马的最后一天赛会上，那些之前不被看好的赛马，下注的数额会不断增加。按道理来说，当人们不看好某些劣马时，应该会想办法远离，为什么会出现下注增加的情况呢？

    原因在于，在赛马会的最后一天，大部分参与赌马的人都是亏损的，而这些人不甘心白白输钱，为了把握住最后一天的机会，就会孤注一掷，将更多的筹码下注在那些不被看好的赛马上，因为这些赛马往往拥有更高的赔率，只要赌对了，那么就可能会实现大翻身。在这种心理的驱使下，就会出现很多人给劣马下重注的奇特现象。

    芝加哥大学教授理查德·塞勒和埃里克·约翰逊针对这一现象，安排一些MBA学生做了更具体的测试，实验结果表明，赌徒在得知自己有可能通过最后一天的赌马将输掉的钱全部赢回来时，往往更倾向于冒险。如果得知即便自己全部下注那些不被看好的马时，也无法补上之前输钱的窟窿，就会对下注失去更大的兴趣。

此外，如果人们此前赢了钱，那么他们在下注时会将收益作为一个界限，只要亏损没有超过收益就行，如果超过了收益，人们就有很大可能放弃赌马。实验表明，人们会将自己在赌博中赢来的钱或者亏掉的钱设置一个账户，这个账户是一个安全线，假设人们赢了钱，当然可以输回去，但是只能输掉账户里（赢来）的钱，不能输掉身上其他的钱。

这里衍生出了很多的话题，比如很多人在投资理财产品或者投资股票时，存在一个习惯，那就是当自己收回成本时，就会将之前投入的本金取出来，然后将挣到的钱进行投资。假设某人花费20万元投资某个项目，当项目带来23万元的营收后，他们就会取出20万元的本金，然后将3万元用于投资。

同样地，当人们输了钱，他们会想办法重新将输掉的钱赢回来，确保账户不会亏空，然后他们大概率会放弃继续赌博。在输钱的时候，人们对于风险的忍耐非常低，只要解除了亏损，就会立即放弃继续赌博，他们再也不希望承受风险带来的折磨。

假设某人花费20万元投资某个项目，当项目带来7万元的亏损后，他们会一直坚持，期待着回本，当项目经营好转后，亏损的7万元重新挣了回来，此时他不会再继续投资，而是选择全部撤资，以保护好不容易拿回来的本金。

　　无论是赢钱还是亏损，人们在内心深处设置账户的行为都是典型的赌场资金效应，即人们会依据事先的收益或亏损来决定自己应该做出何种决策。这种决策看起来保险，但往往存在很大的缺陷，它会影响人们对于局势的合理判断，并直接影响人们对于财富的积累。比如当人们输钱之后，可能并没有意识到自身的问题，反而寄希望于通过冒险来平抑损失，这样做弄不好会扩大损失。

　　又比如，一些优质的投资项目本身具备了发展的潜力，但短期来看会出现波折，这种波折可能会导致人们过度保护本金，一旦在波折之后开始盈利，就会将初始本金提出来，这个时候人们就无法在优质的项目中获得太多的盈利。要知道那些优秀的投资者，一旦认准了优质项目，就会毫不犹豫地集中资本进入，通过本金和利息的复利模式来实现财富的快速积累。

　　1919年，可口可乐公司正式上市，每股价格为40美元左右。不少人购入了可口可乐的股票，可是仅仅过了一年，股价就下跌了50%，变成了19美元。接下来的一段时间，公司遭遇了瓶装问题和社会危机，而糖料的快速涨价又带来了成本的飙升。持有可口可乐股票的人开始感到紧张，但他们中的很多人不甘心就这样亏损一笔钱，于是只好咬紧牙关坚持等待，可是情况稍微好转之后，很快发生了大萧条，可口可乐公司也难以幸免，股价持续下跌。然后几年之后，又开始爆发第二次世界大战。战后的美国开始快速发展，可口可乐公司终于迎来了发展的机会，股价开始上涨。而此时那些好不容易等到股价涨到购入时的水平，就迫不及待地出售了手里的股票，避免再次出现下跌和亏损。但事实上，可口可乐之后迎来了一个高速发展期，股价不断增长，试想一下，如果当时的投资者一直持有可口可乐公司的股票，那么到2022年这100多年时间里，可口可乐差不多翻了50万倍。对于那些善于借助复利的人而言，这就意味着当时的一股股票在当今价值2000万美元，只是绝大多数人出于对资金的保护早就放弃了对可口可乐的长期支持，或者说他们从来没有思考和发现可口可乐品牌潜藏的巨大经济价值。

　　过度看重心里设置的账户，往往会让人们丧失理性，无法真正去了解和挖掘相关事物的价值，也无法合理地借助工具实现财富的增长。一个优秀的风险管控者不会刻意寻求一种盈亏平衡，他们更加看重这个项目值不值得投资，这件事值不值得做，有没有发展空间，未来的收益怎样，而不是一直强调要将自己的本金保护起来。一个好的投资选择，一个好的发展项目，是值得人们花费时间和资本去运作的，也值得去冒险，人们没有必要为了强化对风险的管控，而扼杀这样的好机会。